LES ANTIQVITEZ D'ARLES TRAITE'ES EN MANIERE D'ENTRETIEN, ET D'ITINERAIRE;

Où sont décrites plusieurs nouvelles Découvertes qui n'ont pas encore veu le jour.

PAR M. I. SEGVIN D. E. D.

A ARLES Chez CLAUDE MESNIER Imprimeur du Roy, du Clergé & de ladite Ville.

AVEC PERMISSION.
M. D. C. LXXXVII

A MONSEIGNEVR L'ILLVSTRISSIME ET REVERENDISSIME IEAN-BAPTISTE ADEYMAR DE MONTEIL DE GRIGNAN, ARCHEVEQVE DE CLAVDIOPOLIS, COADIVTEVR EN L'ARCHEVECHE' D'ARLES, CONSEILLER DV ROY EN SES CONSEILS &c.

ONSEIGNEVR,

PLVSIEVRS grandes raisons me font prendre la liberté d'offrir A VOTRE GRANDEVR cette premiere Partie des ANQVITEZ D'ARLES. *Comme j'y traite des plus ſuperbes monumens que les Romains éleverent autrefois dans cette Ville, & que j'y touche la celebre; mais la tres-injuste Queſtion qu'on a fait depuis quelques années, contre les Saints de Provence en general, & contre nôtre Saint Trophime en particulier; A qui pouvois-je m'addreſſer plus juſtement, qu'à vous MONSEIGNEUR qui excellez parfaitement en la ſcienne des Antiquitez Sacrées & prophanes; qui connoiſſez ſi bien le fond des choſes, & à qui le Clergé a preſque toûjours remis le jugement de ſes affaires les plus difficiles & les plus importantes?*

Tout le monde ſçait MONSEIGNEUR que le ROY dont le diſcernement eſt ſi parfait, ne vous a ordonné, par des Lettres tres-obligeantes, d'aſſiſter à la derniere Aſſemblée de cette Province, que pour faire connoître à toute la France, la confiance qu'il a en vôtre ſageſſe, & qu'il vous regarde comme une des plus nobles, & des plus neceſſaires intelligences de l'Etat. Et l'on n'en ſera nullement ſurpris, lors qu'on voudra ſe reſſouvenir que vous procurez la gloire de cet Auguſte Prince par tous les moyens poſſibles; que vous êtes le premier Mobile du grand deſſein qu'on a d'ériger dans la Capitale de cette Province la STATÜE EQUESTRE du plus aymable de tous les Maîtres, & du plus grand de tous les Roys; que vous vous portez à l'execution de ce magnifique deſſein, de la maniere la plus judicieuſe du monde & qu'enfin vôtre rare ſageſſe animée par l'ardeur de vôtre Zele pour le bien de l'Etat, vous fait ſurmonter des difficultez invincibles, quand il s'agit des interêts de SA MAIESTE. C'eſt cette rare ſageſſe qui vous merite l'eſtime, & les complaiſances du plus ſage Monarque de l'Univers; Et c'eſt-elle auſſi qui fait voir que ce fameux different ne pouvoit être decidé, en faveur des Saints Tutelaires de ce Païs, en un Tribunal plus éclairé, & plus auguſte que le vôtre; & que je ne pouvois choiſir un Protecteur plus illuſtre que vous MONSEIGNEUR, pour procurer une heureuſe deſtinée à mon Ouvrage.

Si VOTRE GRANDEUR y daigne jetter les yeux

elle y verra d'un côté l'Eglise d'Arles honnorée des Privileges extraordinaires, & choisie par le Prince des Apôtres, pour être le premier Siege de la puissance Ecclesiastique dans l'Occident, aprés le Saint Siege de Rome. Elle y reconnoîtra St. Trophime portant le premier le flambeau de la Foy dans ces vastes Regions, & meritant d'etre surnommé le digne & le veritable Apôtre des Gaules. Elle y observera de l'autre que si la Ville d'Arles s'acquit une splendeur tres-éclatante dans la lumiere de la Religion Chrêtienne, elle ne fut pas moins celebre dans les obscuritez du Paganisme; puisque ce fut alors qu'elle fut embellie par les anciens Romains, d'un Theatre pompeux, d'un Amphitheatre, & d'autres merveilleux ouvrages, dont les beaux restes sont encore l'admiration de nôtre Siecle. Avec quel plaisir ne regardera-t-on pas ces dépoüilles superbes de l'Idolatrie, dans le nouveau jour où elles vont paroître, faire hommage à la veritable Religion, dans vôtre Personne Sacrée, en qui l'on voit un veritable Successeur des Apotres?

En effet MONSEIGNEUR, vous ne vous contentez pas d'assoupir les haines publiques & particulieres, de terminer les Procez, de maintenir le bon ordre dans votre Diocese, & de travailler incessamment pour le salut des peuples qui vous sont commis, votre pieté qui ne peut souffrir des bornes si étroites ne s'arréte pas-là. Vous vous dérrobez aux douceurs du plus legitime repos pour courir au travail; & quittant les choses que la nature & le sang vous rendent les plus cheres, vous allez étendre les limites de l'Empire de Jesus-Christ, dans la plus auguste Cour de l'Europe.

Lors qu'on vous considere, MONSEIGNEUR, à la teste du Clergé de France, assisté de tous les Prelats du Royaume, secondant les intentions du plus Chrêtien des Roys, dans le grand ouvrage de la destruction de l'Heresie (que S. M. a depuis executé avec tant de succez) & soûtenant ensuite cette sainte & sçavante remontrance, par les Predications d'un Avent entier; chacun dit de vous MONSEIGNEUR, ce qu'un St. Pape disoit autrefois de l'illustre Fondateur de votre Eglise,

Remontrance du Clergé de France assemblé à St. Germain en Laye en l'année 1680 faite au Roy, le 10. Juillet par Mondit Seigneur, assisté de tous les Archevêques, Evêques, & autres deputez de l'Assemblée generale du Clergé, en prenant congé de Sa Majesté.

Ex cujus Predicationis fonte omnes Galliæ fidei rivulos acceperunt:

Mais à qui pouvois-je encore recourir plus à propos pour tirer de l'obscurité tant de superbes monumens ensevelis dans leurs ruïnes, qu'à vous MONSEIGNEUR, *qui êtes une veritable source de lumiere, & qui avez paru ces dernieres années avec tant d'éclat, au milieu de la Cour, dans l'Eloge funebre de la plus grande Reine du monde? Je ne vois qu'une seule chose qui me doive jetter dans une juste crainte; C'est qu'entreprenant d'écrire dans un siecle le plus delicat qui fut jamais, où tout homme sage doit trembler quand il donne ses ouvrages au Public; Je presente le mien à un si grand Prelat, que la Sorbonne considere comme l'un de ses plus riches ornemens, & que la France admire comme l'un des plus excellens Maîtres de l'Eloquence. Mais* MONSEIGNEUR, *si vos brillantes lumieres me font tout craindre; vôtre bonté extraordinaire me fait tout esperer. C'est elle seule qui me donne du courage dans mon entreprise. Et que ne doit-on pas esperer de cette bonté si propre à vostre illustre Famille? Il n'est person- qui ne sçache que l'affabilité & la douceur en font le caractere. Et sans aller foüiller dans les cendres d'une infinité de Heros qui en sont sortis, qui ont tous été extremement bons & genereux; sans parler du merite singulier de Messeigneurs vos incomparables freres, qui font les delices de nos Provinces; N'avons-nous pas dequoy nous convaincre parfaitement sur ce sujet, dans l'illustre Personne de Monseigneur vostre Oncle nostre grand Archevêque? Ne dit-on pas partout de luy qu'il est également le modelle d'un Prelat accompli, & un fond de bonté pour tous ceux qui ont recours à sa clemence?*

C'est d'un sang aussi illustre, MONSEIGNEUR, *que vous avez reçeu cette élevation d'ame, cette penetration merveilleuse, & cette bonté presque sans exemple. C'est delà que vous avez appris à être prudent dans tous vos discours sage dans tous vos conseils, & accessible à tout le monde. C'est delà enfin que viennent tant de biens, & tant de prosperitez écla-*

tantes à cette Ville, & à cette Province. Toutes ces hautes qualitez, MONSEIGNEUR, *me font esperer un bon succez dans mon entreprise; Et je l'auray selon tous mes desirs, si* VOTRE GRANDEUR *me fait la grace d'agreer le petit travail que j'ose luy offrir, & si je puis luy marquer par-là, le tres-profond respect & le zele tres-ardent avec lequel je suis, & seray toute ma vie,*

MONSEIGNEUR,

DE VOTRE GRANDEUR

Le tres-humble & tres-obeïssant serviteur
JOSEPH SEGUIN.

A MONSIEVR SEGVIN
sur son Histoire des Antiquitez d'Arles.

MADRIGAL.

MAlgré l'injure des années,
Seguin tu nous fait voir encor,
Avecque tant d'éclat des choses ruïnées,
Qu'on les compte pour un thresor,
Et comme les soins & les veilles,
Que tu mis à trouver de si rares merveilles,
Doivent être pour toy de quelque utilité,
Tu vas tirer par ton Histoire,
Vn riche monument de gloire,
Du debris de l'Antiquïté.

Beaumont d'Arlatan.

A MONSIEVR SEGVIN
Sur son Ouvrage des Antiquitez d'Arles.

ESloigné du commun usage,
Qui vante l'Auteur d'un ouvrage,
Avec des sentimens flateurs,
Je dis, puisque tu peins de nôtre illustre Ville,
Les modernes beautez & les vielles grandeurs,
Qu'elle te doit donner, à moins d'être incivile,
Et son estime & ses faveurs.

Terrin Conseiller du Roy au Siege d'Arles.

A MONSIEVR SEGVIN
sur son Livre des Antiquitez d'Arles.

MADRIGAL.

QVe ton genie est grand que ton dessein est beau,
De redonner l'éclat à des choses passées,

Et sans

Et sans couleur & sans pinceau,
Nous representer de nouveau,
De cent Antiquitez les beautez effacées.
Arles n'avoit plus rien de sa grandeur premiere,
Ce n'étoit qu'un amas de funestes debris,
Sa gloire comme sa matiere,
Confondüe avec la poussiere,
Se perdoit pour jamais, sans tes sçavans écrits.

Brunet, Docteur en Medecine.

IVGEMENT DE L'ACADEMIE ROYALE, envoyé à Monsieur Seguin, sur ses Antiquitez d'Arles.

Monsieur de Robias Marquis d'Estoublon Secretaire de cette illustre compagnie parle à l'Auteur des Antiquitez en faveur de la langue Françoise contre quelques Ecrivains qui pour exprimer le Vase dont les Anciens se servoient pour recueillir les larmes aymēt mieux appeller ce vase un lachrymatoire du mot latin lachrymia, que larmoir du mot Frā.

IE sçay que certains mots consacrez à l'Histoire,
Loin d'en ternir l'éclat en rehaussent la gloire;
Et ce seroit souvent un scrupule enfantin,
De craindre les Echos du Grec & du Latin.
Mais lorsque sans souffrir ni tort ni violence,
La verité s'ajuste avecque l'elegance;
La raison cher Seguin, peut avoir condamné,
Tout ce qui nous sembla Latin ou suranné.
Pour moy qui de tous ceux qui grimpent le Parnasse,
N'ay que le moindre nom & la derniere place,
Sans seduire les gens qui pouvoient me loüer,
Au fameux Victorin je le fis avoüer.
On sçait que les Sçavans cedent à ce grand homme,
L'art de faire de vers, au langage de Rome,
Que si j'en étois crû, me disoit-il un jour,
Je fairois couronner la langue de la Cour,
Et malgré ces flateurs, on verroit tes pensées,
au premier rang d'honneur sur les nôtres placées.
Il n'est que le College, ou le vieux Eschevin,
Qui fasse triompher aujourd'huy le Latin;

çois, larmes & ainsi de quelques autres mots semblables.

Mais le vieux Echevin peut-il bien ce qu'il ose?
Donner au Latinisme un droit d'Apotheose?
D'une langue étrangere adorer les appas?
Et la porter si haut, luy qui ne l'entent pas?

Je pourrois Monsieur, continuer les honneurs de la langue Françoise; mais à quoy bon faire argumenter nos Muse contre vous, qui demeurez d'accord avec elle de tout ce qu'on vous a dit en faveur de cette aymable langue, & qui en faites si bien les honnneurs dans vôtre histoire des Antiquitez de la Ville d'Arles; je ne vous en dis me sentimens dans le peu de vers que voilà, que pour vou faire connoître ceux d'ũ des meilleurs Poëtes Latins qui soit e France. Ce n'est pas que ses sentimens n'y les nôtres vou accusent de rien; tous ces Messieurs de l'Academie Royal qui ont veû vôtre livre, l'ont fort estimé: Et je pense d bonne foy qu'on peut conclure en faveur de vôtre Histoire qu'elle est fort bien écrite, que s'il y a quelque lieu d scrupule sur deux ou trois mots tirez du Latin, cela ne vau pas la peine de s'en dédire, d'autant mieux (& c'est dequo nos Confreres * de l'Academie Françoise conviennent ave nous) que le mot lachrymatoire, exprime mieux ce sembl cette venerable & cachée Antique dont on parle, que lar moir, qu'on ne trouve écrit nulle part. *Hanc sacram & re conditam Antiquitatem sapit.*

** L'Academie de Paris est consultée sur quelques mots François censurez dans cet ouvrage, elle prononce en faveur de l'Auteur.*

Pour ce qui est du bel Antique, ou de la belle Anti quité, vous sçavez ce qui en a été dit, & comment on s peut accommoder avantageusement de ces deux terme Vous en avez compris les divers regards & la juste & ver table situation. Il ne me reste qu'à vous remercier de la p de toute une Compagnie que vous avez tant honnorée dan vôtre Livre, & que vous avez mise en un si beau jour qu'elle a bien de la peine à vous marquer sa reconnoissanc toute entiere; recevez-en donc ce petit échantillon, d peur que si elle vous donnoit autant de loüanges que vou en meritez, elle ne se fit une affaire avec l'Envie, qui ne mar queroit pas de s'écrier & contre vous, & contre elle, que ce sont là des loüanges achetées de part & d'autre, & payées à un juste prix.

La premiere fois qu'on lût vôtre livre, on admira vôtre Art d'enchasser tant de differentes Piéces, en un si petit espace, que s'il falloit faire l'Apalogie de cette breveté, on pourroit dire qu'elle n'est pas du pur hazard, & que la raison s'en est mélée; vous n'avez pas simplement réduit vôtre histoire en abregé, vous en avez voulu faire un extrait, comme on fait des fleurs, ou des odeurs qu'on réduit en essence, & qui n'ont rien que de précieux en petit volume; En effet elle est une pure essence de tout ce qu'il y a de remarquable dans nos Antiquitez; rien de superflux, rien d'inutile, rien de défectueux, la patience des Lecteurs ne sçauroit être rebutée; En un mot, on peut appeller l'Histoire du Sieur SEGUIN, une histoire en mignature, comme on dit de ces petits Portraits qui enlevent l'estime & l'admiration des gents.

Voicy ce qu'on dit au sujet de vostre Livre la deuxiéme fois qu'on le vid; Si l'Autheur avoit besoin de se montrer par des loüanges, & si pour expliquer son caractere, il n'étoit pas mieux de laisser tout faire à son livre, nous dirions, aprés l'avoir lû qu'il nous semble un Autheur fort sage, dans ses raisonnemens, d'une grande erudition, & qu'il a beaucoup merité de la patrie, par cent recherches curieuses, qu'un moins zelé compatriote auroit laissé dans la terre, ou dans la poussiere d'ou il les a retirées.

Pour ce qui est du Style, & de l'élegance, & de toute la justesse des parties, ce seroit faire tort aux honnestes gens, aux illustres Curieux, pour lesquels cette lecture est destinée, d'en parler; tout ce qu'on en peut dire, c'est que les plus exats Modernes n'y trouveront presque rien qui ne soit conforme aux Regles de la belle éloquence, & de l'histoire; il conduit la sienne avec tant d'Art, ou pour mieux dire, avec si peu d'Art qu'il n'ennuye jamais, & qu'õ se delasse même en le lisant; il ne dit rien de trop, tant il est juste, il ne laisse rien à dire tant il est fidelle. Icy toute l'Antiquité se represente avec son attirail venerable, mais elle se represente clairement & sans voile. On y voit clair jusques dans les tombeaux, & dans les misteres des Anciens, & cela sans Art & sans figure.

On dit encore beaucoup de choses à vôtre avantage Monsieur: mais toûjours avec verité, je n'en ay pû recueillir que ce vous voyez icy que je vous envoye plustôt pour l'honneur de l'Academie, que pour le vôtre, car je suis seur que toutes les personnes de bon goust en jugeront comme.

MONSIEUR

Vôtre tres-humble & tres-obeïssant serviteur, ROBIAS.
Secretaire perpetuel de la compagnie

Ad doctissimum Dominum IOSEPHUM SEGUIN,
In Antiquitates Arelatenses.

Quæ miranda prius, Lector studiose fuerunt,
Jam simulachra suo, nuda decore jacent.
Quæ tamen in libro Seguinus condidit isto,
Hæc hominum nullo sunt peritura die.

DESRABINES Prêtre & Docteur en Theologie, Aumônier de Monsieur

A mon tres-cher Frere, sur son livre des Antiquitez d'Arles
Stances.

Incomparable esprit, rare & fameux genie,
Vous donnez à penser à tous nos Curieux,
Lors qu'on leurs dit que vous donnez la vie,
A nos Ayeux.
Mais aprés qu'ils ont lû vôtre admirable livre,
Ils ne disputent plus, ils demeurent d'accord,
Que vous sçavez l'art de faire revivre,
Aprés la mort.
ANTOINE SEGUIN de la Ville de Lambese, Frere de l'Auteur.

PREFACE
Sur les Antiquitez d'Arles.

ARLES est une des plus fameuses villes de l'Europe, soit par les avantages de sa situation & de son terroir, soit par le grand nombre des Privileges dont elle fut enrichie par les Empereurs Romains. Son nom est connu & respecté des Ecrivains les plus celebres ; & sa Renommée s'est répandüe jusques dans les Provinces les plus éloignées, ou par tant de belles actions elle a fait paroître la puissance de ses armes, & la valeur de ceux qui l'ont gouvernée.

DE LA FONDATION D'ARLES

On n'est pas d'accord du nom de son Fondateur, ni du temps auquel elle fut fondée. Quelques-uns disent qu'elle fut bâtie par les Hebreux ; & qu'Areli dont il est parlé dans la Genese, en jetta les premiers fondemens. Les autres veulent qu'elle fut construite par les Troyens, & par Arelon neveu du Roy Priam, mais tout cela est fort incertain. *Genes. c. 46.*

Quelques partisans de Marseille, un peu trop zelez pour leur patrie, la font Colonie des Phoceens qui vinrent de l'Asie Mineure, & qui fonderent Marseille ; mais si cela étoit veritable, Strabon le plus exact des Anciens Geographes, qui décrit, avec un soin particulier, toutes les Colonies que les Grecs planterent dans cette contrée, comme Nice, Frejus, Antibe, Hieres, Toulon, Agde, & quelques autres, n'auroit pas oublié sans doute la ville d'Arles qui étoit la plus considerable. Il y à plus d'apparence qu'Arles est cette ville abordée par ces mémes Grecs, ou le Roy Senan tenoit sa Cour, à qui ces Etrangers demanderent permission de bâtir Marseille, au rapport de Iustin, qui asseure que la ville ou ce Prince demeuroit,

Raymond de Soulier en ses Antiq. de Marseille.

Strabon liv. 4.

Iustin. liv. 43.

étoit assise prés de l'emboucheure du Rhône; puisque nous sçavons que la mer s'est retirée de quelques lieües d'Arles; comme nous pouvons le justifier par quelques tours, ou forteresses qu'on à été obligé de faire en divers temps, à mesure que la mer s'est retirée; par quelques Etangs qui viennent de la mer; par plusieurs terres qu'elle à laissées qui sont entierement salées; & par cette inscription antique, qui fait mention de la mer d'Arles en ces termes:

Cette inscription fut trouvée dans l'Eglise de S. Gabriel. Ie l'explique ainsi.

Iulie Nice consacre ce monumēt à Marc Fronton Euporin son tres cher époux Sextumvir dans la colonie de Iule Cesar & d'Auguste établie à Aix, Gouverneur des Navires de la mer d'Arles, Procureur du même Corps, Intendant des Matelots de la Durance, & du corps de ceux qui avoiēt soin des Canaux de Saint Gabriel.

M. FRONTONI EUPOR.
IIIIIIVIR. AUG. COL. IULIA
AUG. AQUIS SEXTIIS NAVICULAR.
MAR. AREL. CURAT. EIUSD. CORP.
PATRONO NAUTAR. DRUENTICORUM
ET UTRICULARIORUM
CORP. ERNAGINENSIUM
IULIA NICE UXOR
CONIUGI KARISSIMO.

Oppida latina Aqua sextia salyorum & Avenio cavarum Plin. lib. 3. c. 4. hist. nat.

En effet qu'elle pourroit être cette ville ou se tenoit cet ancien Roy, si ce n'est Arles? Ce ne sont pas les villes d'Aix, & d'Avignon, que Pline appelle des villes latines, & qui n'ont été fondées par les Romains, que long temps aprés Marseille. Ce n'est pas le petit Bourg de nôtre Dame de la mer, ni le lieu de Fos, qui ne sont pas seulement marquez dans l'ancienne Carte de Provence. Ce n'est pas non plus la vieille Heraclée dont parle le même Pline, qui selon le Sr. Poldo d'Albenas dans ses Antiquitez de Nismes est aujourd'huy St. Gilles; parce que, selon ces Auteurs, Heraclée étoit renfermée dans le païs des Arecomiciens. Il ne reste donc que la seule ville d'Arles qui étoit la Capitale du Royaume de Senan & des Segoregiens. C'est le sentiment de tous les Historiens modernes qui ont traité cette matiere, qui disent tous que le Fondateur de Mar-

Poldo d'Alben, Antiquitez de Nismes,

seille épousa la fille du Roy d'Arles, & qui tirent de là une *Dupl. hist. de Fran.*
preuve incontestable de la tres grande ancienneté de cette vil- *Rusi hist. de*
le. Mais d'établir quelque chose de certain sur son Origine, *Marseille*
& sur le nom de son Fondateur, c'est ce qui est bien difficile, *du Vair dans ses diverses*
& c'est avec raison qu'un ancien Poete chante ces vers; *œuvres, Bouche hist. de Prov.*

Vrbs Arelas Fundatoris cognomine primi,
Hoc dixisse ferunt, incerto tempore nomen.

S'il est permis neanmoins de se servir de quelque conjectu- *Euriet.*
re, dans un sujet si obscur, on pourroit dire, suivant l'opinion
d'Isidorus, qui rapporte qu'Arles, Narbonne, & Poitiers fu- *Isidorus lib. 15. c. 1.*
rent fondées par leurs propres Habitans, que la ville d'Arles
fut construite par les anciens Gaulois, trois ou quatre siecles
aprés le deluge, qui est le temps auquel quelques villes furent
bâties dans la Gaule Celtique, au témoignage de C. Champier
dans le livre qu'il à fait des fondations, & bâtimens des villes
assises dans les trois Gaules. Car il est certain que ces premie- DE LA SITUATION D'ARLES
res familles qui s'étoient répandües sur la terre pour chercher
les endroits les plus propres à la vie, voyant la charmante situation de ce lieu, considerant au côté du Levant une petite
colline, pres de laquelle cette ville est assise, qui leurs fournis- *Le Moleirés.*
soit abondamment toute sorte de pierres pour bâtir; au Cou- *La Camargue.*
chant un terroir le plus fertile & le plus agreable du monde,
capable de nourrir une Province entiere, ou méme le sel se
forme naturellement, & la commodité du Rhône & celle de
la mer qui étoit aux environs; au Septentrion le méme fleuve
qui arrose ses murailles, & qui leurs ouvroit un commerce facile avec tous les païs du Nord; au Midy une plaine d'une im- *La Crau.*
mense étendüe grandement estimable par ses pâturages excellens, & par la qualité naturelle qu'elle à de produire des vins
les plus delicieux de la Contrée; enfin un climat si temperé,
un air si doux, & si propre à procurer ce bon naturel qu'on à
toûjours admiré dans les Habitans de cette ville; tous ces a-
avantages invitoient puissamment ces premiers hommes à s'ar- *Plin. lib. 3. cap. 4. hist. nat.*
rêter en un si bel endroit, & d'y construire la ville d'Arles; car
il ne faut pas douter que les lieux les plus propres à la vie &

au commerce, n'ayent été habitez les premiers, selon la judicieuse remarque de C. Champier qui cite ce distique:

Lector prima sciat, loca primùm habitata fuisse,
Quæ optima erant vitæ, commoda quæque lucro.

Quant à l'Etymologie du mot *Arelas*, ou *Arelate*, Arles, il y à quatre opinions differentes. La 1. fait venir *Arelas* du mot grec Ἀρηϐλας qui signifie peuple de Mars, peut être à cause que cette ville à produit de tout temps dans les armées des cœurs intrepides. La 2. est de Gervasius qui tire *Arelate* du mot Latin *Aralata* Autel élevé, sur lequel les Anciens faisoient leurs sacrifices, comme nous verrons dans la suite. La 3. luy donne une autre interpretation disant qu'*Arelate*, vaut autant que si l'on disoit *Area lata*, qui signifie un terroir spacieux, parceque le terroir d'Arles est d'une si grande étendüe, qu'il contient plus de quarante lieües de circuit; Et la 4 qui paroit la plus uray semblable, est de Cambdenus, dans la description qu'il à fait de la grande Bretagne, où il dit que le mot *Arelas*, en langue Britannique, qui étoit la même que la Celtique, ou Gauloise, signifie une ville bastie sur un fond humide, car AR veut dire dessus, & LAIH humide. Ce qui peut avoir esté la veritable cause du nom de cette ville, qui fut construite entre une riviere, & la Mer. Et cette Etymologie est confirmée par le sçavant Gassendi, en la vie du fameux Monsieur de Peyresc.

DE L'ETYMOLOGIE d'ARLES

Mais pour donner à mon Lecteur, en peu de mots, une idée generale de l'histoire d'Arles, ie dois luy dire que cette illustre ville fut premierement gouvernée par les anciens Gaulois, parmi lesquels nous contons Senan, Conan, ausquel, Monsieur le President du Vair, & quelques autres ajoûtent Caramand; qu'elle fut habitée par les Grecs qui l'appellerent Theline, c'est à dire Mamelle, du moins si nous en devons croire Avienus par ces paroles:

Rufus Avienus de ora maritima.

Arelatus illic civitas attollitur,
Theline vocata sub priore seculo,
Graio incolente.

Qu'elle fût une des principales Colonies des Romains; que Iule Cesar y fit construire douze Galeres, avec tant de diligence, que depuis le jour qu'on coupa le bois, elles furent achevées, & prétes à combatre dans trente jours; que le méme Prince étant de retour à Rome, aprés la conquéte des Gaules, envoya l'an 43. devant la venüe de Iesus-Christ, Tibere Neron son Questeur, pour y conduire une Colonie prise des Soldats de la sixiéme legion: ce qui fût la cause qu'on appella cette ville, *Arelate sextanorum*, *& sextanorum Colonia*, comme il paroit par plusieurs Inscriptions antiques, & particulieremẽt par celle-cy, qui fut trouvée à Rome, & dont Iean Isaac Pontan fait mention, en son Itineraire de la Gaule Narbonnoise:

César dans ses Commentaires liv. 1. de la guerre civile,

Suetone dãs la vie de Tibere chap. 4.

Plin. liv. 3. chap. 4. hist. nat.

DIVÆ FAUSTINÆ SEXTANI ARELAT.

Cette méme Colonie fut appellée par Cesar, lors qu'il fut arrivé à la souveraine dictature:

Goltzius dãs son Thresor.

COLONIA IULIA ARELAT.

Comme plusieurs Epitaphes antiques le têmoignent. Antoninus Pius voulut qu'elle porta son nom, & qu'on l'appellât:

COLONIA IULIA PIA ARELATE.

Mais si la ville d'Arles fut considerable soûs les premiers Empereurs, elle fût bien plus illustre, soûs l'Empire de Constantin le grand, & de ses Successeurs; puis qu'elle fut choisie par ces Princes pour estre le siege du Prefect du Pretoire dans les Gaules, dont la jurisdiction ne comprenoit pas seulement toutes les Gaules, mais encore l'Angleterre, l'Espagne, & la Mauritanie Tingitane. Ce grand Empereur y tint sa Cour avec toute sa famille. L'Imperatrice Fauste sa femme y accoucha d'un fils qui fut nommé Constantin le jeune; & ce Prince ayma tant cette ville, qu'aprés en avoir fait reparer les murailles, aprés l'avoir ornée de plusieurs grands bâtiments, & méme du fameux Obelisque que nous y voyons aujourd'huy, selon la remarque d'un sçavant Auteur * de ce temps, & y avoir fait tenir le premier Concile d'Arles, voulut luy donner son

Filiũque suũ Crispum ex Minervinâ concubinâ susceptũ, i& Constantinũ, iisde diebus, natũ oppido Arelatensi, Licinianũq; L. filiũ mensium ferè xx. Cæsares effecit. ext. Aurel. Victor, de vita & moribus Imp. Romanorũ.

dãs le vieux Breviaire ne

La Ste. Eglise d'Arles.

**Le R. Pere Page.*

Ces Provinces estoiēt: la Narbonnoise 1e. & 2e. La Viennoise l'Aquitaine 1e. & 2e. La Nouēpopulanie ou Gascogne, & celle des Alpes maritimes; & ce ressort chez les Anciens s'appelloit Septimania: dans l'histoire des Martir: & dā: Sidonius appolin. epistol. 1. libr. 3. & Scaliger in notas Ausonii:

nom, & la fit appeller Constantine. Plusieurs autres Empereurs établirent aussi leur siege, en cette ville, comme Constance, Gallus, & quelques autres, ayant ordonné qu'on y tiendroit, tous les ans, une assemblée de sept Provinces, & que leurs Gouverneurs y viendroient en personne, tous les mois d'Aoust, pour y rendre compte de leur administration, à peine de cinq livres d'or, pour les contrevenans. La méme ordonnance fut ensuite confirmée par les Empereurs Honore & Theodose, comme on voit dans une lettre conceüe en forme d'Edict, que ces deux Princes envoyerent à Agricola Prefect du Pretoire dans les Gaules, voulant que tout ce qui seroit resolu dans cette assemblée, fut gardé comme une Loy inviolable. Et pour obliger tous ces Gouverneurs de venir plus volontiers en cette ville, ils leurs remontrent, qu'outre les necessitez publiques qui les obligeoient de s'y trouver, la commodité du lieu estoit si favorable, & l'abondance de toutes sortes de marchandises si grande, qu'on ne sçauroit rien desirer d'agreable, & de precieux, qu'on ne le rencontrât dans cette ville, par le moyen du trafic de toutes les nations de la terre, qui y apportoient, de leurs païs, ce qu'elles avoient de plus rare: le titre de cette lettre est ainsi:

Imperatores Honorius, & Theodosius,
Agricolæ Præfecto Prætorio
Galliarum.

Ie ne la mettray point icy, tant à cause de sa longueur, que parce qu'on la trouve par tout, me contentant d'en rapporter ces belles paroles qui sont dignes de la curiosité du voyageur: *Tanta enim* (continuent ces Princes dans cette ordonnance) *loci opportunitas, tanta copia commerciorum, tanta illic frequentia commeantium, ut quicquid usquam nascitur, illic commodius distrahatur. Neque enim ulla Provincia ita peculiaris fructus sui facultate lætatur, ut non hæc propria Arelatensis soli credatur esse fæcunditas; quicquid enim dives Oriens, quicquid odoratus Arabs, quicquid delicatus Assyrius, quod fertilis Africa, quod speciosa Hispania, quod facunda Gallia potest habere præclarum, ita illic affatim exhibetur, quasi ibi nascantur omnia, quæ ubique constat esse magnifica, &c.*

C'est encore en veüe de ce grand commerce, que le Poëte Ausonne adresse ces vers magnifiques, à la ville d'Arle, sparlant de son celebre port, par le moyen du Rhône: *Ausonn. de clar. urbibus.*

> *Per quem Romani commercia suscipis orbis,*
> *Nec cohibes, populosque alios, & mœnia ditas,*
> *Gallia queis fruitur, gremioque Aquitania lato.*

Et cette ville ne fut pas seulement florissante par son trafic, soûs ces derniers Empereurs, & au temps d'Ausonne, elle l'étoit déja, soûs l'Empire d'Auguste, ou elle étoit surnommée LE NOBLE MARCHE DES GAULES; comme nous l'apprenons de Strabon qui dedia son livre à cet Empereur, & qui appelle Arles:

> *Galliarum Emporium non parvum.* *Strabon liv. 4.*

Ce qui est une preuve convainquante, que cette ville fut celebre dans le monde, par son riche commerce, plus de cinq cens ans; pendant lesquels elle demeura soûs la domination des Romains. Et aprés avoir reconnu pour ses Souverains, les Goths, soûs Theodoric; les François soûs Childebert, & ses Successeurs; aprés plusieurs revolutions; elle fut erigée en Royaume, & eut des Roys particuliers qui se qualifioiẽt Roys d'Arles, & de Bourgogne. Elle prit ensuite l'Etat de Republique, soûs un chef, qui portoit le titre de Potestat. Les Comtes de Provence en furent enfin les maîtres jusqu'à l'année 1481. qu'elle eut le bonheur d'être réunie à la Couronne de France, par une donation que Charles d'Anjou dernier Comte de Provence fit de tous ses païs, à Loüis II. Roy de France.

Et voila l'idée, que j'avois promise à mon Lecteur de l'histoire de cette Auguste ville. Elle est conceüe en peu de mots, mais elle ne laissera pas de nous servir beaucoup pour l'intelligence des Antiquitez que nous allons voir. Mais il faut auparavant que j'avertisse mon Lecteur de deux choses, la premiere, que cet ouvrage est divisé en deux livres, dont l'un contient les Antiquitez qui sont dans la ville, & l'autre celles qui sont dehors, qui ne sont pas en moindre nombre. La seconde chose dont ie veux luy donner avis, est que j'ay traité ces Antiquitez en forme d'entretien & d'itineraire, y faisant quelque fois intervenir un illustre Chevalier de Malthe, Alleman de nation, natif de Baviere, qui avoit l'honneur d'estre connu de Madame la Dauphine; & qui s'estoit adressé à moy pour luy faire voir ce qu'il y à de curieux dans cette ville. Et ie me suis servi de cette maniere d'écrire, comme étant aujourd'huy la plus en usage, la plus naturelle, & méme la plus agreable, dans ces sortes d'ouvrages.

I'ay ajoûté quelques reflexions sur les principales Antiquitez de cette ville, que j'ay ramassées dans ces deux livres, & que j'ay traitées le plus succinctement & le plus exactement que j'ay pû. Aprés celà, si ie merite la censure de mon Lecteur, ie ne veux point l'éviter. Mais soit que j'aye assez reussi pour luy plaire, soit que ie ne l'aye pas fait, il ne m'est pas moins obligé, puisque j'ay tasché de le faire, & il me doit toûjours sçavoir bon gré de ma bonne volonté.

LES ANTIQVITEZ D'ARLES,

TRAITÉES EN MANIERE D'ENTRETIEN,

LIVRE I.

Contenant les Antiquitez qui sont dans la ville.

CHAPITRE I.

De la place du Marché, & des Thermes des Anciens.

VN voyageur curieux, Chevalier de Malthe, fort sçavant dans les Antiquitez, m'avoit fait l'honneur de s'adresser, à moy pour me prier de luy faire voir ce qu'il y à de curieux dans cette ville; aprés les premieres civilitez renduës, & quelques entretiens que nous eûmes sur l'histoire d'Arles en general; il est temps, me dit-il, de parcourir cette ville, si celebre dans les anciens Autheurs, qui ont publié sa grandeur, & si estimée de tous les Antiquaires modernes, par les choses admirables qu'elle renferme.

Il est uray, luy répondis-je, que cette ville à été autrefois les delices des Grecs, & des Romains, qui l'avoient renduë une des plus florissantes de l'univers; mais depuis ce temps là, elle à bien changé de face, par ses divers Gouvernemẽs, qui dan leurs changemens, luy ont été presque tous funestes. Ce premiers peuples l'avoient embellie de superbes Palais, d'u Theatre, d'un Obelisque & d'autres ornemens, qui ont été de truits par des Guerres sanglantes, & par le temps qui ruine toutes choses ; mais tout celà n'empêche pas qu'on n' trouve de beaux restes tant au dedans qu'au dehors, qu donnent une grande satisfaction aux Curieux des Anti quitez.

Nous jugeames à propos, pour faire nôtre tour avec ordre de commencer par l'Eglise Metropolitaine, & pour y arrive nous passames par une fort belle place qu'on appelle le Mar ché. Nous remarquâmes dans cette Place quelques reste des Thermes dont se servoient les Anciens. Ce sont de pierres d'une grosseur prodigieuse qu'on voit sous l'arc an tique, & contre la muraille de l'Archevêché, au côté de la gran de porte de l'Eglise Metropolitaine, & qu'on croit avoir été de entrées de ces Thermes. On en a decouvert beaucoup d ruines ces dernieres années, sous cette Place, en creusant pou faire les fondemens de l'Hôtel de Ville, & ceux du pied d'Estail de l'obelisque. On montroit les fourneaux, & qua tité de voutes soûtenuës par des pieds droits, qui s'etendoie bien loin sous terre. On remarqua qu'il y avoit une doub gallerie, qui servoit à se promener, devant ou aprés bain. Elle prenoit son jour du côté de la Place du Plan de Cour, par des soûpiraux, dont quelques-uns se voie encore dans les caves voisines, & dans la nouvelle ruë q conduit à la petite porte de l'Eglise de Ste Anne. Cette do ble gallerie servoit encore d'un passage de communicatio des grands Thermes qui étoient dans la place du Marché, ceux qui étoient aux environs la cave des Peres Jesuites, pa sant devant la maison de Mr. de Moulin, & faisant un a gle, au coin de la Tour de la grande Horloge, pour aller joi dre les Thermes du College, comme nous dirons dans suitte. Toutes ces choses furent considerées, avec plaisir, e

On tient tous les Samedis un tres beau Marché dans cette Place qui est de forme quarrée de 50. pas communs de longueur & autant de largeur.

Therme vient du mot Grec Thermi qui signifie chaleur.

nos Curieux qui y faisoient des remarques particulieres, & de tout le peuple, qui y venoit de toutes parts, pour voir ces debris de la magnificence des Anciens Romains.

On avoit assurement bien du sujet de s'empresser, dit le Chevalier: car c'étoit en effet quelque chose de bien merveilleux que ces sortes de bains; particulierement lors qu'ils étoient destinez pour l'usage des Grands Seigneurs, comme s'étoient apparemment ceux-cy, qui pouvoient avoir été construits pour le service particulier des Prefets du Pretoire, & même des Empereurs, dont nous avons parlé, qui tinrent leur Cour en cette Ville. Vous sçavez, ajoûta-il, que toutes choses étoient si magnifiques dans ces sortes de bâtimens, soit pour les colomnes, les figures, & les rares peintures qui representoient des objets agrables; soit pour les ustensiles dont on s'y servoit, que les Romains en faisoient une partie de leurs plus grandes delices.

Et vous n'ignorez pas aussi, luy repondis-je, que ces Thermes tiroient leur origine des Orientaux, qui ne reconnoissoient presque point d'autre medecine, & que les Romains en eurent connoissance, aprés les Conquêtes qu'ils firent dans le Levant; & les ayant trouvez excellens pour la santé & pour la propreté, ils en firent construire plûsieurs à Rome, & dans les principales Villes de leur Empire, n'épargnant rien, pour contenter leur luxe, & pour laisser à la posterité des marques éternelles de leur grandeur.

Il faut que je vous avoüe ma foiblesse, interrompit le Chevalier, je ne puis voir les debris de ces beaux ouvrages, sans en avoir le cœur attendri, il prononça plûsieurs fois ces tristes paroles du Poëte :

Tempus edax rerum, tuque invidiosa vetustas,
Omnia destruitis;

Ovid. metamorph. lib. 15.

Aprés quoy nous nous avançames pour considerer l'Obelisque, qui est élevé dans cette Place, lequel donna beaucoup de satisfaction à nôtre Voyageur.

CHAPITRE II.

De l'Obelisque d'Arles.

IL ne faut pas sortir de cette Place sans considerer de prés le superbe Obelisque qui y est élevé; il est de marbre granite, haut de 61. pieds, ayant 7. pieds de base, & un pied & demi en haut. Mrs. les Consuls de ces dernieres Années l'ont fait transporter & élever en ce lieu, d'un jardin qui est hors la Ville, prés la Porte de la Roquette. Nous lisons dans les Manuscrits François que Mr. de Romieu nous a laissez sur les Antiquitez d'Arles, que ce Monument fut entierement découvert par l'ordre de la Reine Catherine de Medecis, & par celuy de Charles 9. son Fils. Et le Pere Joseph Guis Prêtre de l'Oratoire rapporte dans la Description de l'Amphitheatre d'Arles, qu'Henri IV. ayant veu le Plan des Arenes de cette Ville, ordonna de faire demolir les maisons dont elles sont couvertes, & d'y élever au milieu la Piramide de la Roquette. Mais la mort de ce grand Prince empêcha l'execution de ce grand dessein, & ce Monument ne fut élevé que l'an 1676.

On se servit pour cet effet de huict gros Masts de Navires qu'on avoit dressez à l'entour du pied-d'Estail, & liez ensemble par le haut. On y avoit attaché plûsieurs fortes poulies dans lesquelles passoient de gros cables qui étoient tirez par huict tours ou Cabestans qu'on faisoit tourner en même-temps. Et ces machines eurent un succez si heureux, que cette piece qui pese, environ deux mille quintaux, selon la supputation qui en a été faite par des habiles Mathematiciens, ayant été suspenduë en l'air par la force des Cabestans, fut mise sur son pied-d'Estail dans un quart-d'heure. Ce qui attira si fort l'admiration des spectateurs, que chacun poussoit des cris de joye, pendant que les fanfares des trompetes étoient interrompues

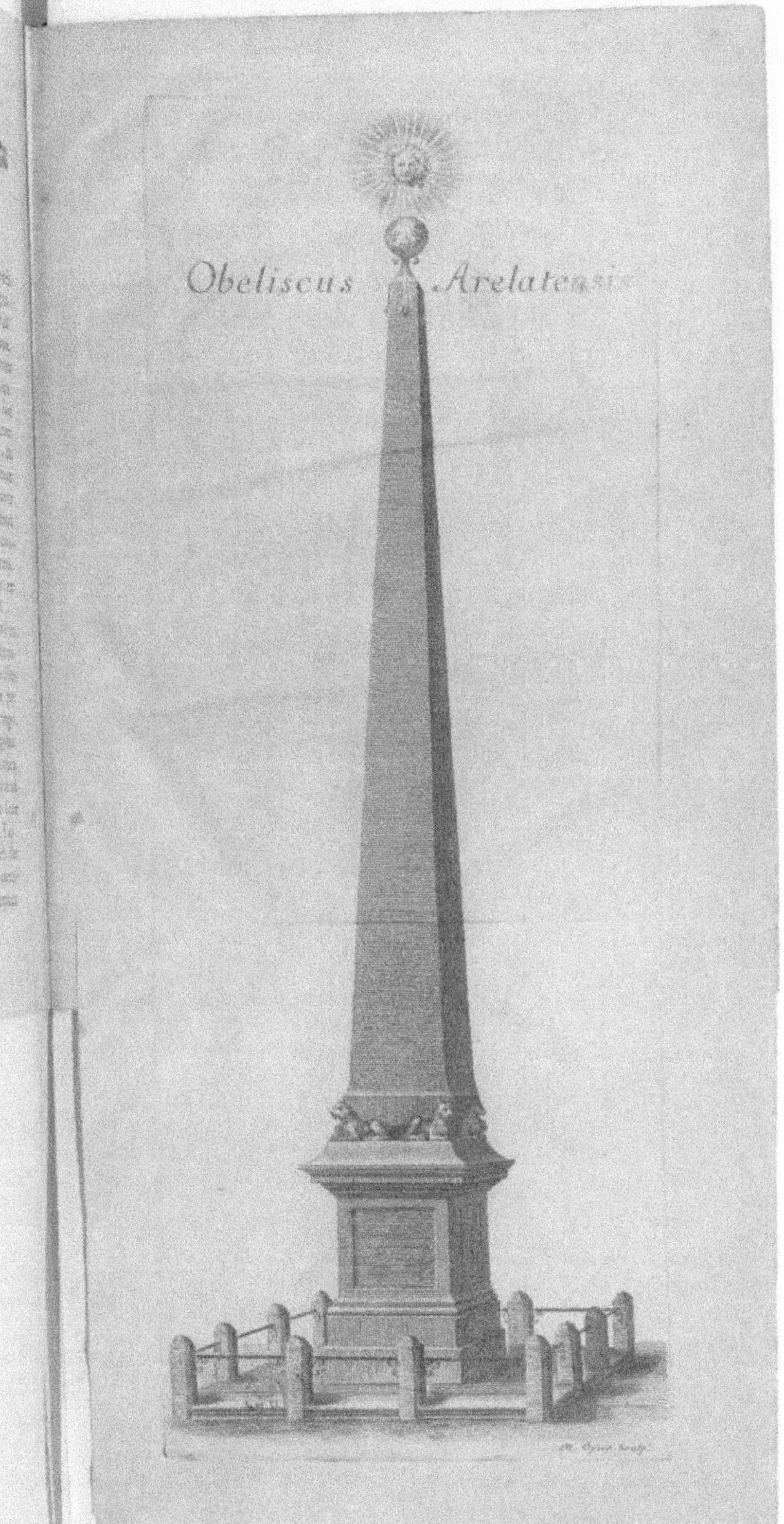
Obeliscus Arelatensis

rompues par le bruit des canons qui étoit redoublé de toutes parts. Et il n'y eut personne qui ne donna des marques d'allegresse en ce jour, ou la Ville d'Arles avoit trouvé le secret de se signaler, en erigeant un Monument eternel, à l'honneur de nôtre Invincible Monarque, tout triomphant, & tout comblé de gloire, par les celebres Victoires, qu'il venoit de remporter sur ces Ennemis.

En effet cet Obelisque ne fut pas plûtôt élevé, que Mrs. les Consuls en firent faire des Estempes, pour les presenter à Sa Majesté, qui les reçeut avec toute la bonté qu'ils pouvoient souhaiter.

Certainement la Ville d'Arles a eu bien du bonheur, dans le noble usage qu'elle a fait de cet Auguste Monument; puisque sans s'éloigner de la coûtume des Egyptiens, qui consacroient ordinairement leurs Obeliques au Soleil, dans la Ville d'Heliopolis, qui veut dire cité du Soleil, la Ville d'Arles dedie pareillement à LOUIS LE GRAND, ce superbe Monument, sous la figure de ce bel Astre, que cet Auguste Monarque a pris pour Symbole. C'est pour ce sujet qu'elle a mis, au haut de cet Obelisque, un Globe d'Azur parsemé de fleurs delis d'or, avec un Soleil: pour dire, que comme un seul Soleil suffit pour éclairer le monde, LOUIS LE GRAND est digne luy seul d'y regner, & de le gouverner par sa sagesse, & par sa valeur.

On a gravé quatre belles Inscriptions, sur les quatre faces du pied-d'Estail de cet Obelisque, que nous verrons, aussibien que les autres choses que nous avons à dire de ce Monument, lorsque nous traiterons du lieu d'ou il fut tiré, ou nous avons rapporté la planche.

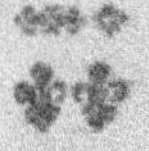

CHAPITRE III.

De la Ste. Eglise Metropolitaine d'Arles, & de St. Trophime Primat & Apôtre des Gaules

L'Obelisque n'est éloigné, que de quelque pas, de cette Eglise, qui est sur la même Place, au côté du Levant, dans laquelle nous entrames, aprés avoir consideré son Portail, qui est une des plus belles Gothiques qu'on puisse voir. Il est soûtenu par six colomnes, ou paroit la figure de Nôtre-Seigneur, au milieu des quatre animaux des Evangelistes, & ou l'on voit la Statuë de St. Trophime, parmi celles des douze Apôtres, ou nous lûmes ces deux vers, qui sont gravez, en lettres Gothiques fort abbregées, sur le Pallium de cet Apôtre des Gaules :

Cernitur eximius, vir Christi Discipulorum,
De Numero Trophimus hic septuaginta duorum.

Ces deux vers ont plus de mille ans d'Antiquité, étant-là, depuis environ l'an 625. qui est le temps auquel cette Basilique fut construite par St. Virgile, un de ses Archevèques, comme nous l'apprenons de sa vie, qui se collige, partie de St. Gregoire le grand, partie de Vincens Barrali, & partie de Gregoire de Tours.

Ne faites pas mension de Gregoire de Tours, dans cette rencontre, dit le Chevalier, il ne vous laisseroit pas passer ces deux vers, qui faisant St. Trophime l'un des 72. Disciples de Nôtre-Seigneur, supposent par consequent sa mission dans cette Ville du temps des Apôtres; ce que cet Historien nie en termes formels, ne mettant la venüe de St. Trophime, que soûs le Consulat de Dece, & ainsi il le distingue de celuy dont il est parlé dans l'Ecriture Sainte, qui fut Disciple de St. Paul, & de qui cet Apôtre des Gentils dit, écrivant à

Timothée ; *Trophimum autem reliqui infirmum Mileti.* Ad Timoth. Cap. 4.

Voicy, si je ne me trompe, les propres paroles de Gregoire de Tours : *Lib. 1. Hist. Francorum, Cap. XXVIII.*

Hujus (Decij) tempore septem viri Episcopi ordinati ad prædicandum, in Gallias, missi sunt, sicut Historia Passionis Sancti Martyris Saturnini denarrat : Ait enim : sub Decio, & Grato, consulibus, sicut fideli recordatione retinetur, primùm ac summum Tolosana civitas habere cæperat sacerdotem. Hi ergo missi sunt Turonicis Gratianus Episcopus, Arelatensibus Trophimus Episcopus, Narbonæ Paulus Episcopus, Tolosæ Saturninus Episcopus, Arvernis Stremonius Episcopus, Lemovicinis Martialis est destinatus Episcopus.

Je sçay, luy répondis-je, que cet écrivain n'est pas pour nous, en cette occasion, & je sçay encore que Monsieur de Launoy Docteur de Sorbonne à pris a tâche de defendre le passage que vous venez de citer, mais comme il combat la Tradition commune receüe en France, & en Espagne, & même approuvée dans toute l'Eglise, depuis plus de seize Siecles : vous n'ignorez pas qu'on regarde cet Auteur dans le monde, comme un de ces esprits mal-tournez, qui se font honneur d'être toûjours particuliers dans leurs sentimens ; Et les personnes de bon goust demeurent d'accord, qu'il auroit fait plus sagement d'excuser cet endroit de Gregoire, que de le soûtenir, avec tant d'opiniatreté, l'exposant à un nombre presque infini de difficultez, dont il ne peut le sauver, que par des réponses frivoles, & par des arguments negatifs qui ne prouvent rien.

Car premierement ce Docteur de Paris suppose qu'ils n'y a eu aucune mission Apostolique, aucun Martir, ni même aucun Chrêtien, dans les Gaules, & dans les autres Provinces de l'Empire Romain, devant le temps du Consulat de Dece, ce qui est manifestement contraire à la Tradition, & même à l'Histoire qui nous apprend qu'il y a eu quantité de Martirs dans les Provinces, & même en France, long-temps devant le Consulat de cet Empereur.

Paul Orose qui vivoit plus de cent cinquante ans devant Gregoire de Tours, nous assure, en plusieurs endroits de son Histoire, que la Foy étoit dilatée par toutes les Provinces de l'Empire Romain, du temps de Neron, & que ce cruel Empereur commenda qu'on les persecuta vivement & dans Rome, & dans toutes les Provinces de l'Empire :

Liber. 7. Historianum.

Primus Nero (dit-il) *Christianos suppliciis affecit, ac per omnes Provincias, Pari persecutione excruciari imperavit.*

Severe sulpice, que Launoy tire mal à propos de son côté, rapporte qu'on vit particulierement plusieurs Martires en France soûs l'Empire de Marc Aurelle fils d'Antonin, qui fut le temps de la cinquiéme persecution, *Le serius trans Alpes*, qu'il ajoûte, ne devant s'entendre, que par rapport à l'Orient, & à Rome, ou la Religion Chrétienne fut premierement établie, & même plusieurs années auparavant, que dans les Provinces qui sont au delà des Alpes.

Sub Aurelio (dit Severe) *Antonini filio, persecutio quinta agitata, ac tum primùm inter Gallias Martyria visa, Serius trans Alpes Dei Religione suscepta.*

Lib. II. sacre Historia.

Ce qui fait voir que prés de cent ans, devant le Consulat de Dece, il y avoit des Martirs en France: car Dece fut Consul en 252. & Marc Aurelle regnoit en 165. & ce qui montre encore clairement qu'il y a eu une mission d'hommes Apostoliques en France, long temps devant le Consulat de Dece, qui n'est autre que celle de St. Trophime, & de ses illustres Compagnons envoyez en ces pays, par le Prince des Apôtres, St. Pierre.

Mais pour dire quelque chose de plus particulier, sur ce sujet, & vous persuader entierement de la mission de St. Trophime, au temps que je viens de vous marquer, je n'ay qu'à vous exposer simplement une lettre envoyée par vingt Prelats, qui étoient la plus part de Saints Personnages, à St. Leon le grand. Ce Pape avoit ôté, depuis quelques années la Primatie à St. Hilaire d'Arles, à cause que ce Prélat avoit voulu étendre avec un peut trop de zele, les privileges & l'authorité

thorité de son Eglise, en deposant quelques Evêques de leurs Evêchez. Aprés la mort d'Hilaire, Ravennius luy ayant succedé, les Evêques de la Province de Vienne, & de la Province Narbonnoise premiere & seconde, voyant l'injustice qu'on faisoit à l'Eglise d'Arles, en informerent St. Leon, par une lettre Synodale qu'ils luy écrivirent, priant sa Sainteté de vouloir continuer la Primatie à cette Metropole dans la personne de Ravennius. Et c'est dans cette lettre que ces Sts. Peres representent à St. Leon les anciens privileges de l'Eglise d'Arles. Ils luy remontrent que toute la France sçait, & que le St. Siege ne peut pas ignorer, que la Ville d'Arles, qui a toûjours été si considerable dans les Gaules, a eû l'honneur de recevoir la premiere, le glorieux St. Trophime qui luy a été envoyé par le bien-heureux Apôtre St. Pierre, & qu'ensuite la Foy s'est repanduë, peu à peu, dans le reste de cet Empire, par la predication, par l'exemple, & par une infinité de miracles de cet Apôtre des Gaules; & que partant c'est avec raison, que cette Metropole a toûjours joüit, depuis St. Trophime, de la dignité de la Primatie, dans ce Royaume: Vous ne serez pas fâchez d'en voir les même paroles:

Projectus & Gelidonius.

Omnibus etenim Regionibus Gallicanis notum est, sed nec sacro-Sanctæ Ecclesiæ Romanæ habetur incognitum, quod prima intra Gallias Arelatensis civitas, missum a beatissimo Petro Apostolo, Sanctum Trophimum habere meruit sacerdotem, & exinde aliis palatum Regionibus Galliarum bonum fidei & Religionis infusum: priusque alia loca, ab hoc rivo fidei, quem ad nos Apostolicæ institutionis fluenta miserunt, meruisse, manifestum est sacerdotem, quam Viennensis Civitas; quæ sibi nunc impudenter ac notabiliter primatus exposcit indebitos. Jure enim ac meritò ea Vrbs semper apicem sanctæ dignitatis obtinuit, quæ in sancto Trophimo Primitias nostræ Religionis Prima suscepit: Et plus bas:

Quam quidem antiquitatem sequentes prædecessores Beatitudinis vestræ, hoc quod erga privilegia Arelatensis Ecclesiæ institutio vetusta tradiderat, promulgatis (sicut & scrinia Apostolicæ sedis procul dubio continent) authoritatibus confirma-

runt, credentes plenum esse rationis atque justitiæ, ut sicut per beatissimum Petrum Apostolorum Principem sacro-sancta Ecclesia Romana teneret supra omnes totius mundi Ecclesias, Principatum; ita etiam intra Gallias Arelatensis Ecclesia, quæ Sanctum Trophimum ab Apostolis missum sacerdotem habere meruisset, ordinandi Pontificium vendicaret, his secundum Religionem utitur privilegiis Ecclesia memorata.

Ce grand Pape aprés que sa premiere chaleur fut passée, & qu'il eut été mieux informé de la sage conduite, de la sainteté de nôtre Hilaire, & des anciens privileges de l'Eglise d'Arles, luy rendit sa premiere dignité, dans la personne de Ravennius, à qui il écrivit une lettre fort obligeante aussi-bien qu'à ces venerables Prelats; il ne jugea pas à propos neantmoins de dépoüiller entierement pour lors, l'Evêque de Vienne du titre de Primat, qu'il n'étendit pourtant que sur quatre villes voisines de Vienne, sçavoir Valence, Tharentaise, Geneve, & Grenoble, ordonnant que toutes les autres villes demeureroient, comme auparavant, sous l'authorité du Metropolitain d'Arles, ajoûtant qu'il esperoit que pour le bien de la paix, il se contenteroit, pour le present de ce partage, & qu'il ne croiroit pas qu'on luy eut ôté, ce qu'on avoit donné à son frere.

Baron. ann. 440. n. 61. & in codice M. S. fol. 6.

Ou il faut remarquer que bien qu'à parler dans la rigueur, cette dignité de la Primatie ne fut qu'une commission apostolique, attachée aux personnes, & non aux Eglises, & une pure grace, dont les Papes pouvoient disposer absolument, en faveur de qui il leur plaisoit; il est certain neantmoins qu'ils avoient égard à l'ancienneté, & à la dignité des Eglises, qui meritoient un emploi si glorieux, preferablement aux autres qui en étoient le moins dignes. Le Pape Zosime nous fournit une preuve authentique de cette verité, dans sa lettre intitulée: *Zosimus universis Episcopis per Gallias & septem Provincias constitutis*, en faveur de Patrocle Metropolitain d'Arles, par ces paroles:

Baron. ann.

Sane quoniam Metropolitanæ Arelatensium urbi vetus pri-

vilegium minime derrogandum est, ad quam primum, ex hac sede Trophimus summus Antistes, ex cujus fonte tota Galliæ fidei rivulos acceperunt, directus est, & le reste.

(17. num 16 & in codice M.S. Arelat. authoritatũ Rom. Pontificum & Impp. fol. 3.)

Cette lettre fut écrite l'an 417. ce qui fait voir qu'en ce temps-là, aussi-bien qu'en celuy-ci, on tenoit par une ancienne tradition receüe dans l'Eglise Romaine, que St. Trophime avoit été envoyé par les Apôtres dans la Ville d'Arles, & qu'il avoit porté le premier le flambeau de la Foy dans les Gaules.

Ces Authoritez sont convainquantes, dit le Chevalier, & Launoy ny sçauroit répondre, que par des subtilitez ridicules. J'entre tout a fait dans vos sentimens; Et il ne me reste que trois petites doutes, dont vous me donnerez s'il vous plaît, l'éclaircissement. Je tire le premier de l'ancienne tradition receüe dans ce Royaume, par laquelle on tient que St. Pierre envoya St. Martial dans l'Aquitaine, St. Eucher à Treves; que St. Clement envoya St. Saturnin à Tolose, St. Eutrope à Saintonge, S. Denis à Paris, & ainsi de presque tous les autres premiers Fondateurs des Eglises de France: car vous sçavez qu'il y en a peu de considerables, qu'elles ne fassent venir leur Fondateur de St. Pierre, ou de St. Clement: si cela est veritable, comme on le croit, il ne l'est donc pas de dire que toutes les Gaules ont receu les premiers ruisseaux de leur Foy, de la source de St. Trophime.

L'autre chose qu'on pourroit vous opposer sur l'Epoque que vous établissez de l'arrivée de St. Trophime, c'est que s'il est veritable, comme je le crois, que la Religion Chrétienne, a été receüe dans Arles, depuis le temps des Apôtres, on ne sçauroit assez s'étonner que pendant dix sanglantes persecutions publiques & generales qui ont été faites contre les Chrétiens, depuis Neron, jusqu'à Diocletien & Maximien, ou il s'est passé Plus de deux cens ans, il y ait eû si peu de Martyrs dans cette ville? Cela demande quelque éclaircissement, comme vous voyez.

Enfin la 3. objection qu'on pourroit faire contre la lettre du Pape St. Zosime que vous venez d'alleguer, est que Patrocle

Metropolitain d'Arles, ayant obtenu la Primatie pour la Province de Vienne, & pour la premiere & seconde Narbonnoise, cette dignité ne fut point continuée à St. Honoré, ni à St. Hilaire successeurs de Patrocle, par les Papes Boniface, Celestin, & S. Leon, comme ayant été obtenüe par surprise; du moins selon la remarque de Mr. Maimbourg dans son Histoire du Pontificat de St. Gregoire le grand.

Tom. 1. Liv. 3.

Vos doutes sont fort judicieux, luy repartis-je; Et pour satisfaire au premier. Je conviens avec vous, que St. Pierre, & ses Successeurs, en qualité de Vicaires de Jesus-Christ, sont la premiere source de la foy, & que c'est delà que les divins ruisseaux de la Religion, ont été repandus originairement dans les autres Eglises du monde, & particulierement dans celle d'Arles; En vertu dequoy cellecy a été ensuite la premiere dans les Gaules qui a porté la lumiere de l'Evangile, dans le reste de ce vaste Empire, par le ministere de S. Trophime. Desorte que cet illutre Saint a merité l'auguste titre d'Apôtre des Gaules, soit parce qu'il fut envoyé des premiers par St. Pierre, comme nous dirons dans la suite, soit parce qu'il a été le premier, parmi ses Saints Compagnons, qui les a animez pa son zele divin, à prêcher nôtre Sainte Religion, & qui l'a formée, dés sa plus tendre enfance, par son exemple, & par ses miracles: & c'est ce qui a donné sujet au Pape Zosime de dire ces belles paroles à l'honneur de nôtre Saint: *Ex cujus fonte totæ Galliæ fidei rivulos acceperunt*, & à St. Hilaire celles-cy, qu'il addresse à la France:

Ex homiliis Sti Hilarij inter Eusebij Emisseni homilias insertis, & ex officio Sancti Trophimi in Breviario Arelatensi

Iste enim est vir, per quem tibi lumen Evangelij Gallia, primitus coruscavit inquo, & per quem sanctitatis & miraculorum tibi jubar effulsit. hic tuus pater. hic proprius pastor est qui rudem tuæ Religionis infantiam, verbis aluit, exemplo formavit, &c.

Quant à vôtre second doute, j'avoüe qu'il est surprenant que l'Eglise d'Arles celebre la fête de si peu de Martyrs, eû égard au long-temps que la persecution des Empereurs à affligé les Chrétiens, dans toutes les Provinces de l'Empire Romain;

main ; mais cela n'empêche pas qu'il n'y ait eû un tres-grand nombre des Martyrs que nous ne connoissons pas, qui ont souffert la mort dans Arles pour la Foy, soit parce que les Chrétiens accablez de tous côtez, par les persecutions sanglantes des Idolâtres, n'avoient pas souvent le moyen d'écrire les actes de leurs Martyrs, soit que les ayant marquez, leurs écrits ont été brûlez, par les Officiers des Empereurs, qui n'oublioient rien pour abolir la memoire & le nom des Chrétiens. Et il ne sera pas hors de propos de vous faire remarquer sur ce sujet, une tres-ancienne coutume que le Clergé d'Arles observe tous les ans, au jour de St. Genest, de faire une Procession generale, & d'aller faire Station au milieu des Arenes de cette Ville, pour honnorer, sans doute, cette place qui autrefois a été arrousée, & sanctifiée par le sang de tant de Martyrs, qui ont souffert la mort dans ce lieu, selon la coutume des Romains, qui exposoient ordinairement les Chrétiens aux lyons affamez, & aux bêtes les plus cruelles, pour les faire devorer. Et ainsi la Ste Eglise d'Arles honnore en ce jour, ces Martyrs inconnus, dans la fête de l'illustre St. Genest si connu & si respecté dans tout le monde par tout les Chrétiens. Car de dire qu'il y avoit au milieu de l'amphitheatre, & dans la place destinée au combat des Gladiateurs, une maison de ce Saint, ce n'est pas avoir la moindre teinture de l'Antiquité.

Je viens au troisiême doute que vous avez formé sur la lettre du Pape St. Zosime, citant pour cela la remarque de Mr. Maimbourg. C'estoit asseurement un grand personnage que cet Autheur, à qui la France est redevable d'un infinité de beaux ouvrages: Mais il me pardonnera, si je luy dis, qu'il n'avoit pas bien remarqué cet endroit de nôtre Histoire, qui regarde la Primatie des Gaules du temps des successeurs de Patrocle Metropolitain d'Arles, qui sont St. Honoré, & St. Hilaire. Nous avons déja fait voir que ce dernier possedoit cette dignité de Primat, puisqu'elle luy fut ôtée, comme nous disions, par St. Leon. Et pour ce qui regarde St. Honoré, de qui il est icy question, il est hors de doute, que la Primatie luy fut continuée par le Pape Celestin, comme il est facile de le justifier, par une lettre que ce Pontife écrivit aux Evêques de la Province de Vienne & de Narbonne, dans laquelle ce Pape renvoy au jugement d'Honnoré d'Arles, la cause d'un certain Daniel qui étoit accusé de plusieurs crimes, par des Religieuses dont il avoit gouverné le Monastere; ou St Celestin ordonne qu'Honnoré Metropolitain d'Arles connoîtroit souverainement de cette affaire, en qualité de son Vicaire Apostolique dans les Gaules. Et cette dignité fut si consecutivement continuée à tous les Archevêques de cette Ville dans la suite des temps, que le St. Siege la regardoit, comme un privilege attaché à la Ste Eglise d'Arles, en veüe de ce que St. Trophime avoit prêché le premier, la Foy dans les Gaules.

Baron. in Annalibus 428. & inter epistolas Celest. Papa num. 1.

C'est en cette veüe que les Papes Symmaque, Vigile, Pelage, & Agapet, confirmerent ce privilege, à St. Cesaire, à Aurelien, & à Sapaudus, Archevêques de cette Ville, étendant leur jurisdiction sur toutes ses Gaules: & c'est encore en cette veüe que St. Gregoire le grand, non seulement continua la même dignité à St. Virgile Metropolitain d'Arles; mais même il voulut l'honnorer du Pallium, qui jusqu'à lors n'avoit été envoyé qu'aux Patriarches d'Orient; de telle sorte que ce Prelat fut le premier & le seul qui le portoit dans ce Royaume, jusques-là que ce grand Pape l'avoit refusé au Metropolitain de Vienne, qui le pretendoit, en vertu de certain privilege dont il n'avoit pû produire de bons titres.

Symm. epist. ad Cæsar. Arelat. Concil. Gall. tit. 1.

Greg. l. 2. ep. 4. ind. 10.

Greg. Tur. l. 9. c. 25.

Greg. l. 7. epist. 116. & Maimbourg. Hist. de St. Gregoire Tom. 2. Liv. 3. p. 147.

Vous sçavez sans doute, continuai-je, que ce Pallium, duquel St. Gregoire parle si souvent dans ses lettres, étoit une espece de manteau Imperial, dont les Empereurs Chrétiens avoient honnoré le Sacerdoce Royal de l'Eglise, répandant sur eux ce rayon de leur Majesté, & voulant que ce fut l'ornement de ses Pontifes, & une marque de leur puissance sur le spirituel. Il étoit fait à peu prés, à la façon de nos chappes, à la reserve qu'il étoit fermé par devant, il étoit tissu non

Voyez le P. Thomassin, p. 2. l. 5. c. 24. P. de Marca de Conc. l. 6. c. 6. Et Maim-

de ſoye, ni de lin, mais de laine, pour repreſenter la brebis égarée que Jeſus-Chriſt le bon paſteur, l'ayant trouvée, porte ſur ſes épaules, pour la remettre dans le bercail. C'eſt de ce manteau Imperial que la Statuë de St. Trophime eſt révêtuë, comme vous voyez, St. Virgile qui l'a fit faire, il y a plus de mille ans, le voulut ainſi, pour nous repreſenter, par cet ornement Royal, que St. Trophime étoit ce premier, & ce ſouverain Prêtre que le Prince des Apôtres avoit envoyé dans les Gaules pour les convertir, & qu'il en étoit le veritable Apôtre.

bourg Hiſt. du Pont. de St. Gregoire le grand tom. 2. l. 5.

Ces témoignages ſont également, éclatants & inconteſtables; pourſuivis je, mais en voicy un autre qui ferme entierement la bouche à *Launoy*. C'eſt un titre authentique tiré de la 67. lettre de St. Cyprien, écrite au Pape Eſtienne, touchant Martian *Evêque* d'Arles. Ce Prelat s'étoit laiſſé infecter des erreurs de Novatius, qui ôtoit à l'Egliſe le pouvoir de reconcilier les Pêcheurs relaps. St. Cyprien écrivoit pour ce ſujet à ce Souverain Pontife, luy remontrant qu'il étoit tres-important d'envoyer inceſſamment des lettres anx Evêques de Province, afin de depoſer Martian, s'il n'abandonnoit le party de Novatius, de peur qu'en qualité de Metropolitain, il n'entrenât facilement dans ſon hereſie; ſes collegues dont il avoit déja mêpriſé les avertiſſemens; où il faut remarquer, que cela arriva l'an 257. & que nôtre Martian, qui revint enſuite de ſon erreur, étoit déja Evêque d'Arles, depuis 252. & même l'onziéme des ſucceſſeurs de St. Trophime, comme il eſt ſolidement juſtifié dans les anciens Manuſcrits de l'Egliſe d'Arles, produits par Mr. Saxi dans ſon Pontificat de cette Ville page 7.

Scribantur à te littera in Provinciam quibus Martiano Epiſcopo Arelatenſi abſtento, alius in ejus locum ſubſtituatur quoniam ſpretis collegarum monitis Novatianis erroribus pervicaciter adhæret. Cyprian. ad Steph. Papã de Marciano Arelat. Epiſcopo epiſt. 67.

Ce qui fait voir clairement que la miſſion de St Trophime étoit déja arrivée dans Arles, devant le Conſulat de Dece, marqué par tous les Chronlogiſtes, en 252.

Launoy voyant que cette lettre les preſſoit extremement, a eû aſſez d'impudence, pour dire dans la premiere édition de ſon livre, qu'elle ne ſe trouvant point dans les vieux

Manuscrits du Vatican, & qu'aucun Autheur ancien n'ayant point parlé de ce Martian Evêque d'Arles, c'étoit une preuve que cette lettre avoit été supposée, parmi celles de St. Cyprien. Mais il faut le forcer à sortir de ce retranchement, en luy faisant voir que cette lettre n'est nullement suspecte.

1°. Par la conformité du stile, & des expressions, qui paroissent evidemment dans la lettre 54. & dans la 68. avec la 67. dont il s'agit: car comme dans celle cy St. Cyprien appelle l'Heresie des Novatiens: *Hereticæ præsumptionis durissimam pravitatem*; de même dans la 54. il appelle cette Secte: *Duritiam humanæ crudelitatis*: &, dans la 68. parlant encore des Novatiens, *Separamini* (dit-il) *à tabernaculis hominum istorum durissimorum.*

2°. Bien que cette lettre ne se trouve point dans les anciens exemplaires du Vatican, on la trouve pourtant dans ceux de Veronne, dans ceux de Corbie, & dans ceux de Cambrona, qui sont des plus anciens du monde, & dans les plus vieilles impressions des lettres de St Cyprien, selon la judicieuse remarque de Nicolas Rigaltius dans ses sçavantes observations sur les Epitres de St. Cyprien; ou cet Autheur nous fait remarquer, qu'on ne trouve point de cayers anciens des lettres de cet illustre Pere de l'Eglise, ou l'ordre des Epîtres ne soit different, & ou même il n'en manque toûjours quelqu'une.

3°. Bien que les anciens Autheurs ne fassent point mention de nôtre Martian, dont il est parlé dans cette lettre, on ne doit pas pour cela la rejetter, puisque la suivante 68. ou il est parlé de Basilides & de Martial, dont aucun écrivain, ni ancien, ni moderne, n'a fait mension jusqu'icy, est pourtant receuë de tout le monde.

Car il faut que Launoy convienne, malgré qu'il en ait qu'on n'a que très-peu de connoissances des affaires du Christianisme qui se sont passées durant les trois premiers Siecles de l'Eglise, soit parce que la persecution qui opprimoit de tous côtez les Chrétiens, rendoit la communication des Provinces tres difficilfacile, soit parce que les écrits, & tous les livres des Chrétiens furent tres-exactement recherchez dans toutes les parties de l'Empire, par les Edits de Diocletien, de Julien L'apostat, & des autres Tyrans, & portez dans les places publiques pour y être reduits en cendres, au rapport d'Eusebe.

Edictum fuit ut tum deturbarentur ecclesiæ, tum Scriptura absumerentur igni. Eus. Pamphil. lib. 3. c. 3. & passim in eod.

Ces raisons étoient trop puissantes pour ne faire pas quitter à nôtre adversaire son premier poste. Aussi, le voilà qui chante la palinodie, dans la seconde edition de son livre, accordant que cette lettre est veritablement de St. Cyprien, & il se retranche à dire que Martian avoit succedé à St. Trophime deux ou trois ans aprés sa venuë. Mais il est facile de le battre en ruïne dans ce dernier retranchement, où il combat pour Gregoire de Tours, en luy faisant voir nos anciens Manuscrits, qui marquent expressement, comme nous venons de dire, que Martian commença de gouverner l'Eglise d'Arles en 252. ce qui n'est pas fort éloigné du temps marqué par la lettre de St. Cyprien, & du Pontificat du Pape Estienne, qui fut en 257. Avoüez de bonne foy que ce Docteur auroit incomparablement mieux fait d'excuser l'erreur de Gregoire de Tours, & de dire avec Baronius:

Parcendum est simplicitati viri Religiosi Gregorij Turonensis Episcopi, qui multa aliter quam veritas se habet æstimans, non calliditatis astu, sed benignitatis & simplicitatis voto, litteris commendavit.

Baron. anno 109.

Trouvez-bon poursuivis-je, que nous renvoyons ce que nous avons encore à dire sur ce sujet, au chapitre où nous parlerons de l'Epitaphe de St. Trophime.

Le Chevalier qui avoit un desir extreme de voir cette Sainte Metropole, s'y accorda volontiers; aprés quoy nous y entrâmes. Nous remarquâmes d'abord qu'elle est faite à trois nefs, qui ont plus de cent pas communs de longueur, soûtenues par des gros piliers qui ressentent l'antiquité. On voit tout au tour plusieurs tombeaux enchassez dans la muraille, avec leurs Epitaphes, dont les unes sont des Prelats, & des Chanoines de cette Eglise, & les autres des personnes

On peut voir en entrant un pied d'Estail de marbre antique, avec son inscription.

E

de qualité qui y ont été ensevelies. Le Cœur est separé de ce grand bâtiment, à la façon d'Italie. Le Maître-Autel est au fond du Cœur, sur lequel nous vimes un grand Tableau qui represente la lapidation de St. Estienne, dont la peinture est tres-estimée. Il y a au dessous un Tabernacle d'argent richement travaillé. Plusieurs Souverains Pontifes * ont celebré solemnellement l'office divin sur cet Autel. Mais ce qui est plus particulier, c'est qu'au sixiéme Siecle, on y celebroit la Messe en Latin & en Grec, au rapport de D. Lucas d'Acheri, Benedictin, dans son Livre intitulé : *Acta sanctorum Ordinis Benedicti*, dans la vie de St. Cesaire. Nous nous avançâmes ensuite vers l'entrée du Cœur, pour remarquer une Inscription curieuse, en grosses lettres Gothiques, assez difficile à lire. Elle est au haut de la muraille, au côté des Orgues, conceuë en ces vers :

** Calixte 2. en revenant de celebrer le Concile de Reims. & Vrbain 2.*

Terrarum Roma Gemina de luce MagistrA
Ros missus semper Aderit : velut incola JoseP
Olim contrito Letheo Contulit OrchO

Pour entendre cette Inscription, il faut prendre la premiere lettre de châque vers, T. R. O. qui font *Trophimus* : en suite celles du milieu, qui sont G. A. L. *Galliarum* : & enfin les trois dernieres., A. P. O. c'est à dire *Apostolus*, la lettre H. du mot Joseph, ayant été transportée dans le mot *Orcho*, pour laisser la lettre P. toute seule : si-bien qu'il faut expliquer ainsi cette inscription :

Le Sr. de Rebatu s'est éloigné du vray sens de cette inscription, dans le petit livre qu'il en a donné au public.

Trophimus Galliarum Apostolus, ut ros missus est, ex urbe Româ rerum Dominâ, Gemina de luce, scilicet à Petro & Paulo Ecclesiæ luminaribus : contrito Orco Letheo, nempe statim post Christi Passionem, qua Dæmonis & orci caput contrivit. semper aderit : id est, semper animas nostras nutriet, cibo illo, divinæ fidei quem nobis contulit : ut alter Joseph, qui olim Ægypti populum fame pereuntem liberavit.

Il y a grande apparence que S. Virgile qui, comme nous disions, fit faire ce grand corps d'Eglise, y fit encore graver ces vers, en faveur de l'Eglise Romaine, qu'il appelle la Maitreſſe du monde, contre les pretentions de celle de Conſtantinople, dans la perſonne de ſon Patriarche, qui prit, avec hauteur le titre de Patriarche Oecumenique & univerſel, & qui vouloit s'égaler en ce temps-là au ſouverain Pontife, en prenant les mémes titres d'honneur. Ce Patriarche qui fut Jean 4. ſurnommé le jeûneur, eut de grands démêlez pour ce ſujet avec St. Gregoire le grand. Il étoit bien juſte que St. Virgile Archevêque d'Arles, qui étoit Vicaire Apoſtolique du Pape, & qui en avoit receu le Pallium ſi obligeamment, comme nous venons de dire, donnat des marques publiques de ſon zele & de ſon attachement, pour l'Egliſe Romaine.

Mr. Maimbourg a traité à fond de ce démêlé dans ſon Hiſtoire du Pont. de St. Gregoire le grand. tome 1. liv. 2.

Delà nous allâmes voir le Threſor qui eſt dans la Sacriſtie, qui conſiſte en une Ste Arche d'argent, qui renferme preſque tout le Corps de St. Trophime, & les Reliques ſuivantes, dont on nous donna cette liſte*. Des épines de la Couronne de Nôtre-Seigneur, de ſes vêtemens, de l'éponge, du fiel & du vinaigre de ſa Paſſion; des Habits de la tres-Sainte Vierge; des Os des Saints Innocents; de ceux de St. Pierre, de St. Paul, & de St. Jean; du pain que Jeſus-Chriſt benit dans le Château d'Emaus, &c.

** Signés par les Archevêques dans leurs viſites.*

La pluſpart de ces Stes Reliques furent apportées en cette Ville, de Jeruſalem, par St. Trophime. Nous vimes encore trois buſtes d'argent, de la groſſeur du naturel, qui ſont de St. Trophime, de St. Eſtienne premier Martyr,* & de St. Geneſt, leſquels renferment pluſieurs oſſemens de ces illuſtres Saints; cinq caiſſes dorées pleines de Saintes Reliques, trois belles Croix d'argent, l'une deſquelles renferme, de la vraye Croix de Nôtre-Seigneur, une petite Chaſſe d'argent, ou eſt le Crane d'un des Saints Innocens qui furent Martyriſez par Herodes, & une infinité d'autres choſes tres-precieuſes, ſoit en orfevrerie, ſoit en ſuperbes ornemens d'Aurel. De l'Egliſe nous allâmes viſiter le Palais Archiepiſcopal. On nous fit voir la Bibliotheque remplie de toutes ſortes de livres rares & curieux; delà on eut la bonté de nous conduire aux Archives, ou l'on nous montra les originaux de pluſieurs Conciles tenus en cet-

** On paroît le Crane de cet illuſtre St. enfoncé par un coup de pierre.*

te Ville, comme nous dirons en son lieu. On y distingue les seings & les cachets des Prelats qui y assisterent. C'est dans ces mêmes Archives que l'on conserve plusieurs Manuscripts considerables, & particulierement la Bulle d'or qui contient les donations & les privileges extraordinaires que les Metropolitains d'Arles obtinrent de la liberalité des Empereurs. Ils les declarent Princes du St. Empire, avec une souveraine jurisdiction, ajoutant sur leurs Armes, une Couronne Ducale, qu'ils portent encore. Cette qualité de Prince s'est montrée non seulement dans les hommages que les Seigneurs de Mondragon ont rendus aux Archevêques d'Arles, comme à leurs Souverains, mais encore dans l'authorité qu'ils avoient de donner des lettres de noblesse, par toute l'étenduë de leur Diocese, & dans les monoyes d'or & d'argent qu'ils faisoient batre. Comme il paroît en ces Archives, aux privileges de Mondragon, & aprés avoir rendu nos tres-humbles remercimens à Monseigneur de Grignan Archevêque de cette Ville & qui en fait le bonheur depuis plus de trente ans, nous sortimes de son Palais pour aller voir l'Hôtel de Ville, qui est vis-à-vis.

Voyez Cesar de Nostradamus en son Histoire de Provence sixiéme partie & In scriniis codicillorum auro obsignat. & in chartis imperialibus, num. 10. 12. 3. 4. 11. 22.

CHAPITRE IV.

De l'Hôtel-de Ville d'Arles.

CEt Edifice superbe dans son Architecture & magnifique dans tout ce qui le compose, est aujourd'huy le plus bel ornement de cette Ville; car bien qu'il ne soit pas un des plus grands, il ne laisse pas d'être un des plus estimez, pour sa symmetrie, & pour sa riche situation. Il est au milieu de deux places, dont l'une est appellée le plan de la cour, & l'autre la place du Marché, dont nous avons déja parlé. C'est de cette derniere que nous vîmes l'élevation de cet édifice qui est d'onze toises. Nous observâmes que sa figure est

eſt quarrée, qu'il eſt bâti d'une belle pierre blanche, & que trois grandes corniches le diviſent en autant d'étages, & en autant de differents ordres d'Architecture.

Le bas étage eſt composé de ſix gros pilaſtres à la Ruſtique, qui en font le deſſein, & qui donnent lieu, par leurs entre-deux à un pareil nombre de fenêtres & à un Portail magnifique que l'on voit dans les deux façades.

Nous remarquâmes au ſecond étage un beau balcon, qui eſt au milieu de quatre colomnes hautes de plus de vingt-cinq pieds, & de plus de deux pieds de diametre. On voit ſur les fenêtres de ce ſecond ordre des branches de chênes & de palme, qui s'étendant ſur le mot *Arelas* qui y eſt en chiffre, marquent la force & les triomphes de cette Ville, lors qu'elle étoit la Capitale de l'ancien Royaume de Bourgogne, comme *Ligurinus liv.* 5. nous l'apprend par ces vers:

> *Quaque caput Regni, ſedeſque fuiſſe vetuſti*
> *Fertur Arelatum, priſcorum Curia Regum.*

Vn peu au deſſous paroiſſent des Medailles des ſix premiers Roys d'Arles, où l'on lit en gros caracteres Romains *Boſo 1. Arelat. Rex.* & ainſi des autres. Parmy ces Medailles on remarque des couronnes qui ſont au milieu de deux Lamies. Il y a apparence que l'Architecte a voulu faire alluſion par ces Lamies, qui montrent des grandes mamelles, aux noms de *Theline* & de *Mamillaria* qui ſignifient mamelle, que les Grecs & les Romains donnerent autre fois à cette Ville, à cauſe de l'abondance de ſes fruits, & particulierement de ſes grains excellens.

Le plus haut étage eſt enrichi des armes de France & de Navarre. Elles ſont ſoûtenues par deux Renommées de douze pieds de hauteur, ayant deux priſonniers à leurs pieds, & au deſſus, la tête du Roy, ſoûs la forme d'un Soleil, qui fait le couronnement de cet Edifice.

Les armes de la Ville qui porte d'argent à un Lyon d'or accroupy, avec la deviſe: *ab ira Leonis*, paroiſſent ſur les deux magnifiques portes de cet Hôtel. Nous y entrâmes par celle qui regarde le Marché, passant par une fort belle strade qui regne devant cette façade. Nous trouvâmes d'abord un grand vestibule d'une figure quarrée, qui renferme plusieurs choses dignes d'y être considerées. Nous y remarquâmes les bustes des quatre premieres races des Comtes de Provence avec leurs armes au dessous, ils sont placez sur autant de portes vis-à-vis les unes des autres, avec une symmetrie fort agreable. Mais ce qui paroit de plus estimable dans ce vestibule, c'est une voute qui prend naissance de vingt belles colomnes, hautes de vingt pieds, placées deux à deux. Elles sont toutes d'une piece, & d'une pierre aussi blanche que l'albâtre, ayant leurs bases, & leurs chapiteaux enrichis des compartimens à la dorique.

Monsieur Mansar un des plus celebres Architectes de ce temps, & qui est employé aux bâtimens du Roy, a donné le dessein de ce superbe ouvrage; Et Mr. Peytret originaire de cette Ville, Architecte & Ingenieur de S. M. en a eû toute l'économie, & il a si-bien conduit la voute, qui est une des plus hardies du monde, qu'il s'est acquis par-là une gloire singuliere.

Messieurs les Consuls de l'année 1673. firent commencer ce superbe bâtiment comme on le voit par cette Inscription qui est sur une des portes dans le vestibule:

Cette Inscription est de Mr. l'Abbé de Verdier excellent predicateur.

Anno domini M. DC. LXXIII. LUDOVICO MAGNO *Feliciter regnante, & gloriosé ad Rhenum Mosamque triumphante, Jac. de Grille, Joa. Autran Gasp. Brunet, Joa. Bap. Jehan Coss. has ædes publicis Civium habendis comitiis extruebant, quod innumerarum fortissimi Principis victoriarum, suæque ipsorum erga Rempublicam cura ac vigilantiæ monimentum esse voluerunt.*

Et Messieurs les Consuls de l'année suivante, l'acheverent comme le marque cette autre Inscription qui est sur l'autre porte.

Assurgente LUDOVICI MAGNI *Gloriâ*
Supra depressas Germanorum Aquilas,
Surrexit,
Harum ædium superior pars,
Curis ac vigilantia
Joan. Bapt. de Forbin, Andr. Pazier, Elzear. Vachier,
Andr. Bartholom. Lanaud.
Coss. Anno domini M. DC. LXXIV.

Celle-cy est du R. Pere Fatoud le suite.

On a placé au fond du vestibule une fort belle figure du Roy. Elle est de la hauteur du naturel, & elle fait une perspective agreable à la veüe, quand on descend du grand escalier. Mrs Pierre de Sabatier de l'Armeilliere, Pierre de Loste Ecuyer, Claude Beuf & Gerard Beuf, la firent faire pendant leur Consulat, comme on le peut connoître par l'Inscription qui est gravée sur le pied-d'Estail de cette figure en ces termes :

Imperatoriam LUDOVICI MAGNI *Majestatem Arelas Martia, suis ut in comitiis, tanquam presens numen suspiceret, iconicum ejus simulachrum in hac Basilica publicé coli Senatus consulto sanxit, Coss. &c. Anno domini M. DC. LXXV.*

Et celle-cy de Mr. de Loste le coriphée des Medecins de cette Province.

Nous montâmes ensuite par le grand escalier pour aller voir les deux principales salles; Nous remarquâmes sur leurs portes deux bustes excellens, l'un de Charles d'Anjou dernier Comte de Provence, & l'autre de Loüis XI. qui luy succeda, dans tous ses Etats. Et ce dernier est enrichi de plusieurs Trophées d'armes sur la porte de la grande salle, dans laquelle nous entrâmes. Cette salle, qui est une des plus grandes que l'on puisse voir, est magnifique par les sieges de Mrs les Consuls Gouverneurs de cette Ville, qui y tiennent le Conseil. Mais elle sera bien plus superbe par les belles peintures dont on va l'enrichir, car on nous dit qu'on y devoit mettre dans quelque-temps les portraits de tous les Roys de France, & les tableaux qui representeront l'Histoire d'Arles. Delà nous allâmes voir les Archives qui sont dignes de la curiosité du voyageur. Elles sont voutées dessus & dessoûs, grillées & fermées d'une double porte de fer; & c'est pour éviter une pareille incendie à celle qui est arrivée plusieurs fois, aux Archives de cette Ville, ou les papiers ont été tous brulez. Ces Archives donnent une grande gloire à Mr. Claude Constantin Secretaire & Archivaire de cette Ville, qui depuis son Consulat, n'a jamais cessé de donner ses soins pour les bien ranger. On nous conduisit ensuite dans une autre salle qu'on destine pour y loger Messieurs de l'Academie Royale d'Arles, ce qui nous obligera d'en dire quelque chose, avant que de passer outre.

Chapitre V.

De l'Academie-Royale.

En sortant de la salle du Conseil, on entre dans une autre à main gauche qui mene dans l'appartement que Mrs les Consuls, à ce qu'on disoit, avoient donné à Mrs de l'Academie-Royale, & cela par l'ordre exprés de S. M. qui fut intimé à feu Mr. de Boche en son dernier Consulat, par la bouche de Monsr. le Marquis de Chasteau-Renard, & encore par une lettre de Monsieur le Duc de St. Aignan protecteur de cette noble Compagnie. Et je ne sçaurois vous dire pourquoy ces Mrs ne se sont pas encore logez dans cet appartement. Ils s'assemblent d'ordinaire tous les Lundis, dans la maison d'un de leur corps; & dans les occasions considerables, ou ils veulent rendre leurs assemblée publique, ils le font dans la Chappelle des Penitens gris, qui est un endroit fort propre; comme il arriva à la naissance de Monseigneur le Duc de Bourgogne. Monsieur Dubaye de Vacheres aujourd'huy premier Consul de cette Ville, fut choisi pour faire le Panegyrique du Roy, & il s'en acquitta si dignement, qu'il s'attira l'admiration

Dans la maison du Sr. Giffon.

Cela arriva le 19. Octobre 1682. ou les Academiciens se si-

&

& les applaudissemens de Messeigneurs nos Archevêques, de Messieurs les Consuls, & de tout ce qu'il y a de gens d'esprit & de merite dans cette Ville, qui assisterent à cette action. Et ce n'est pas dans cette seule occasion, ou cet illustre gentil-homme a donné des marques éclatantes de son brillant genie. l'Hôtel-de Ville d'Arles, & l'Academie de Nismes, ont été pour luy des Theatres de gloire, ou il a fait paroître sa noble hardiesse, sa bonne grace & les vives lumieres de son esprit, aussi-bien que les grandes vertus dont le Ciel là distingué.

gnalerent par mille petits ouvrages à la gloire du Roy, & par un fort bel Opera qu'ils donnerent aux Dames.

Le Sr. de Vacheres fut deputé par l'Academie d'Arles à celle de Nismes, pour l'assurer que les Messieurs d'Arles leurs accordoint l'aliance demandée par Mr. de Cassagne deputé par l'Academie de Nismes pour ce sujet le 7. May, 1683.

Mais revenons à l'Academie-Royale dont ce gentil-homme est un des plus dignes menbres.

Je suis surpris, dit le Chevalier, de vous entendre dire que Monsieur le Duc de St. Aignan est le Protecteur de cette Compagnie. Et comment est-il arrivé, continua-il, que ces Mrs se soient choissis un Protecteur aussi éloigné, & aussi occupé que Mr. le Duc de St. Aignan; car il a deux ou trois charges considerables chez le Roy, à ce que j'ay oüy dire; il a des Gouvernemens de Province; Et se peut-il faire qu'on soit chef d'une Compagnie, comme celle dont nous parlons, qui ne doit vaquer, qu'aux exercices de l'esprit; lorsque la Cour & les autres emplois, demandent un homme tout entier.

L'Histoire de cette noble Compagnie, luy répondis-je, demanderoit plus de loisir que vous n'en avez, & un rapporteur plus éloquent que je ne le suis. Mais c'est assez que vous sçachiez pour le present que l'Academie d'Arles fut établie par lettres Patentes de Sa Majesté, l'an 1667. & cela par l'instante recommandation de Mr. le Duc de St. Agnant. Et n'étoit-ce pas l'a le moindre retour qu'on devoit aux soins obligeans de ce Duc, de le choisir & de le demander pour chef, & pour Protecteur d'une Compagnie qu'il avoit luy-même faite, s'il faut ainsi-dire, & qu'il avoit honnorée du titre d'Academie, par son credit. Pour ce qui est de ses emplois de paix & de guerre, qui vous semblent une raison contre la qualité de Protecteur, il ne faut que regarder le Roy, & ses occupations Royales; N'est-il pas vray que c'est le grand exemple que les plus grands du Royaume se doivent proposer ? Et n'est-il pas encore vray que forcer des villes, soûmettre des Provinces entieres, gagner des batailles, proteger ses Alliez, châtier ses Ennemis, detruire l'Heresie, être enfin l'Arbitre de la paix & de la guerre, sont de belles & grandes occupations ; cependant ces sortes d'occupations n'ont pas empeché ce grand Monarque de se faire le Protecteur de l'Academie-Françoise. On peut raisonner de même par proportion, ce me semble, sur le fait de Mr. le Duc de St. Aignan. Outre que l'emploi de nos Academiciens n'est pas sedentaire, comme il vous semble, & leurs exercices ne sont pas simplement les belles sciences, comme elles le sont des autres Academies, l'amour du Roy, & de la gloire, & la bravoure, sont le premier principe de leurs actions ; le soin de polir, & d'embellir le langage, en est un autre, de maniere que le cœur de nos Academiciens n'agit pas moins que l'esprit, dans leurs exercices.

Ce n'est pas que de tout temps il n'y ait eû dans Arles des Braves, & des vertueux Personages, & sans aller foüiller dans les premiers Siecles ; en l'an 1622. ou 23. si je ne me trompe l'Academie des beaux esprits & de la belle gallanterie fut établie dans cette Ville, par Monsieur d'Estoublon, cultivée & frequentée par les personnes de la premier qualité, des quatre Provinces, les Chevaliers de Guise, les Mont-morancys, les Marquis d'Oraison, les Fouilloux, & les Mentis, avoient choisi cette Ville, comme une école d'honneur & de politesse, où les Dames & les Amours, où les Carouzels & les courses & de Bigues, & tout ce qu'il y a de charmes & d'amusemens dans le beau monde, attiroit les Etrangers, ou tous ceux qui composoient cette Assemblée Academique sembloient avoir dessein d'eterniser l'honneur de leur Patrie. Il y a pourtant cette difference entre les premiers & ceux d'aujourd'huy, que ceux-cy ne sont pas simplement Academiciens, parce qu'ils le meritent, mais ils sont erigés en Academiciens par l'ordre exprés de S. M. Ils ont leurs Statuts & leurs Officiers, leur Seau & leur Registre. Et ce qui est fort considerable, ils ont une al-

Monsieur de Robias Marquis d'E-

liance particuliere avec l'Academie-Françoise, & les mêmes privileges que cette illustre Compagnie: En sorte que nos Academiciens se rencontrant à Paris, ont le droit de seoir, & d'opiner, comme les autres dans leur assemblée. Ce qui est arrivé plus d'une fois à quelques-uns, qui en qualité de Confreres, on été regalez des Medailles d'argent, que Sa Majesté fait distribuer deux fois la semaine à Messieurs de l'Academie-Françoise. Et ces Messieurs font part, avec d'autant plus de plaisir de cette faveur extraordinaire à nos Mrs, qu'ils sont persuadez que les personnes qui composent l'Academie d'Arles, ne sont la plupart que des personnes de qualité, parmi lesquelles il y a des Evêques, des Abbez, des Commendeurs, & des Officiers de robbe & d'armée qui ont tous infiniment du merite, & de l'esprit. Nous nous entretenions à peuprés de la sorte, lorsque nous arrivâmes insensiblement au cabinet, ou l'on montre la Statüe d'Arles, si celebre dans le monde.

...ssonblon est Secretaire perpetuel de l'Academie-Royale, par exprés commendement de Sa Majesté.

CHAPITRE VI.

De la Venus d'Arles.

ETant entrez dans la chambre ou cette Figure est conservée, le Chevalier la regarda avec beaucoup de satisfaction; & ayant consideré la majesté de sa taile, qui est plus haute que le naturel, l'admirable proportion de tout son corps, & le riche tour de son visage; Je ne me lasserois jamais, dit-il d'admirer un travail si achevé: & nous pouvons bien luy appliquer avec justice, les vers que le prince des Poëtes, fit autrefois en faveur des Statües de Corinthe & d'Athenes:

Excudent alij spirantia mollius æra
Credo equidem, vivos ducent de marmore vultus.

Æneid. Lib. 6.

Elle fut découverte l'an de grace 1651. en creusant pour faire une Citerne, proche les deux grandes colonnes élevées qui sont maintenant dans l'enceinte du Convent des Dames Religieuses de la Misericorde. On trouva premierement la tête. Et Mrs les Consuls ayant fait ensuite creuser à l'entour, on rencontra bien-tôt aprés le corps & les pieds, qui se tenoient à la Base de cette figure. Mais on ne trouva point les bras qui luy manquent, & qui luy donneroient la derniere beauté.

Il y a toujours eû divers sentimens sur le nom qu'on devoit donner à cette Statüe, & nos Sçavans s'étant partagez la dessûs, châcun a soûtenu son opinion avec assez de châleur. Monsieur de Rebatu Conseiller au Siege de cette Ville fut le premier qui l'appella Diane, & qui composa pour cet effet un petit Livre rempli d'erudition. Monsieur Terrin aussi Conseiller au même Siege, & l'un des plus sçavans & des plus curieux de cette Province, fit publier encore, plusieurs années aprés, une sçavante Dissertation, pour montrer que la figure dont il s'agit est une veritable image de Venus. Et comme les hommes se font un plaisir à se contredire les uns les autres, & que c'est par là qu'on a fait tant de progrez dans les sciences; il n'y a pas long-temps qu'il a paru, sur le même sujet un troisiéme Livre du R. Pere d'Augieres Jesuite, Predicateur & Poëte excellent, par lequel ce Pere pretend de faire voir que Monsieur Terrin n'a rien prouvé en faveur de Venus, & qu'il y a beaucoup plus d'apparence que nôtre Statüe represente la Deesse des Forests, comme l'avoit crû le Sr. de Rebatu. Cette question a fait grand bruit dans l'Empire des lettres jusqu'aujourd'huy. Voicy les raisons par lesquelles Monsieur Terrin prouve que cette Statüe est une Venus.

Il nous fait remarquer, 1°. que les Poëtes Grecs & Latins n'ont jamais representé Diane avec une coeffure aussi galante, que celle que nous voyons en cette figure, & que cette Deesse se tenant d'ordinaire dans les bois, & sur les montagnes, portoit ses cheveux negligez, épars & flotans, 2°. qu'elle étoit presque toûjours vêtue d'une robe serrée sur le sein, & sur

les

le corps, & que comme elle faisoit consister toutes ses delices à courre les bêtes, elles méprisoit tous ces atours & tous ces bijoux qui se sentent tant soit peu de la coqueterie, 3°. il soûtient qu'on ne trouvera point dans toute l'Antiquité, de Diane avec un brasselet, & que la Statüe d'Arles en ayant un sur le bras gauche, elle ne sçauroit representer cette Deesse. 4°. il confirme son opinion par plûsieurs figures antiques qui passent pour des images de la mere des Amours, comme la Venus de Barbarin, la Venus de la Reine de Suede, & la Venus de Florence, qui ont un parfait rapport avec la Statüe d'Arles, soit pour l'air, soit pour les draperies qu'on y remarque, 5. il ajoute à tout cela que nôtre figure ayant été trouvée dans un Theatre, que les Anciens consacroient d'ordinaire à Venus, & même au milieu de la Scene, il y a lieu de conclure, par toutes ces raisons jointes ensemble, que la Statüe d'Arles est la veritable image de Venus.

Le Pere d'Augieres dit au contraire, 1°. que cette figure n'a pas assez de nudité pour representer la mere des Amours, & que cette Deesse est peinte d'ordinaire dans une nudité entiere, citant pour cela la Venus de Gnide, & celle de Medicis, qu'on voit dans l'Italie, qui respirent l'impudence & l'effronterie par la nudité entiere de tout leur corps, 2°. il répond que la coeffure galante n'est pas un signe propre & particulier de Venus, que nos Dames les plus regulieres ont des coefures aussi propres & aussi riches; que les pierreries ont toûjours été l'ornement de la coeffures des Reines, & des femmes de qualité, & qu'à plus forte raison elles doivent servir pour orner une Deesse qui étoit fille de Jupiter, 3°. il accorde que les Poëtes donnent les cheveux épars & flotans à Diane, lorsqu'elle est dans son équipage de chasse, mais il soûtient que quand elle se presente à l'Autel, pour reçevoir des Sacrifices, elle est proprement coeffée, 4°. quant au brasselet qu'on voit au haut du bras gauche de cette Statüe, il dit que ce n'est pas non plus un Symbole specifique pour Venus, puisque les Dames, & mêmes les Guerriers portoient

Bulenger de Theatro lib. 1. cap. 17.

autre fois des brasselets. Enfin pour ce qui concerne le Theatre, il produit l'authorité de Bulenger qui dit, aprés Aristide, que Diane avoit place au Theatre, aussi-bien que Minerve, Apollon, & les Muses. Et pour recueillir, en peu de mots, les autres raisons de cet Auteur, il conclud que la taille avantageuse de nôtre Statüe qui a plus de six pieds de hauteur, que son air de beauté doux & severe tout ensemble, que l'âge environ de trente ans qu'elle marque, que sa Veste trainante, que ses pieds merveilleusement bien faits, montrent que c'est une Diane, non pas en état de chasseuse, mais en disposition de recevoir de l'encens, & des vœux.

Monsieur le Cadet de Grille fut deputé à Paris en qualité de premier Consul, pour offrir au nom de la Ville, cette Statüe au Roy, qui fit present à ce Gentil-homme d'une Chaine & d'une Medaille d'or de grand prix.

La Ville d'Arles qui se signale, de temps en temps, en donnant des marques publiques du zele qu'elle a pour le Roy, a offert ces dernieres années, à ce grand Monarque cette belle Statüe, qu'elle avoit cherement conservée depuis trente ans. Elle a pris soin neantmoins d'en faire mouler quelques-unes sur le plâtre, ou l'ouvrier à si-bien reussi, que ces figures modernes, par la blancheur admirable de leur matiere, semblent surpasser l'antique. Celle-cy qui est d'un marbre tres-rare a été conduite à Paris, & delà à Versailles, ou elle fait à present un des plus beaux ornements du magnifique Palais que Sa Majesté y a fait bâtir. Cette Statüe admirable dans toutes ses parties, n'étoit defectueuse qu'en ses bras qui luy manquoient, comme on le voit dans la planche que nous avons mise icy. Ils ont été tous deux admirablement reparez en cette maniere: on a suppléé le droit tout entier, luy ayant donné une pomme d'or à la main, & la moitié du gauche, qui tient un miroir ou elle semble se regarder, ayant gravé au pied-d'Estail de ce chef-d'œuvre de l'art, ces deux mots: LA VENUS D'ARLES. C'est ainsi que cette question à été decidée à Paris, * ou l'on a eu beaucoup d'égard au grosses hanches qui paroissent en cette Statüe, & qui ne sçauroient convenir à l'agilité que doit avoir la Deesse des forets & des montagnes.

** A la gloire de Monsieur Terrin.*

Chapitre VII.

Du Theatre d'Arles.

De l'Hotel-de Ville, nous continuâmes nôtre route dans une ruë qu'on nomme la Calade, en montant vers le Theatre. Pour expliquer en peu de paroles, ce qui nous reste de ce superbe bâtiment, il faut supposer que le Theatre étoit composé de trois parties principales, sçavoir des Degrez de la Scene, & des Promenoirs.

Il faut se rendre devant l'Eglise des Dames Religieuses de la Misericorde, où l'on pourra remarquer tout auprés une Epitaphe antique en vers Latins sur un pied-d'Estail de marbre, sur le coin.

Les degrez comprenoient l'Orchestre, les Portiques d'en haut, & les Vases d'Erain. Les degrez qui servoient de sieges aux Spectateurs, s'élevoient en façon de colline, afin que ceux qui étoient devant, n'empêchassent point ceux qui étoient derriere. Ces degrez étoient portez sur des voutes qui leur donnoient cette disposition, & qui regnoient tout au tour du demi-cercle. On y voyoit de temps en temps, des entrées & des sorties, qu'on nommoit Vomitoires, à cause de la foule du monde, qui pour ainsi dire, degorgeoit, à la fin des jeux. On y montoit par plusieurs petits degrez que Vitruve appelle *Scalaria.*

Il y avoit soûs les sieges des Spectateurs 13. petites chambres, dans lesquelles il y avoit des vases d'erain, dans les lieux considerables, & dans les autres qui ne l'étoient pas tant, des vases de terre cuite ouverts seulement d'un côté; & ces vases étoient disposez avec tant d'industrie, que recevant les impressions du son des instrumens, & de la voix des Acteurs, ils les rendoient beaucoup plus intelligibles.

Les Portiques étoient les parties les plus exterieures du Theatre. C'étoient plusieurs rangs d'arcs les uns sur les autres, qui le distingoient en autant de differents étages.

L'Orchestre étoit toute cette place qui s'étendoit depuis les ſieges des Spectateurs, juſqu'au devant de la Scene. La Scene étoit ce qui ſe voyoit de front; elle étoit composée du pupitre, du Proſcenium, & du Poſtſcenium. Le pupitre étoit le lieu ſur lequel les Comediens venoient joüer, n'étant élevé au deſſus de l'Orcheſtre, que de cinq pieds au plus.

Le Proſcenium étoit la face de la Scene qui étoit ornée de colomnes à pluſieurs ordres, les unes ſur les autres, elles étoient de differente groſſeur, celles du ſecond ordre étant moindres d'un quart, que celles du premier, & celles du troiſieme, diminuant par la même proportion. Cette face étoit ouverte, au premier ordre, par trois portes; celle du milieu qui étoit la plus grande, s'appelloit *Regia*, ou la porte Royale, & les deux autres, les portes des Etrangers. Il y avoit dans ces portes des machines faites en triangle, tournantes ſur des pivots de fer, qui avoient trois faces enrichies de belles peintures, & qui faiſoient voir trois ſortes de differentes Scenes, ſçavoir la Satyrique, qui étoit repreſentée par des magnifiques Palais; la Comique par des maiſons des particuliers; & la Satyrique ou Paſtorale, par des foreſts, par des grotes, & par des fontaines.

Le Poſtſcenium ou Paraſcenium étoit le derriere de la Scene. Et cet appartement ſervoit aux Acteurs pour ſe preparer, & pour enfermer les Machines.

Il y avoit encore proche les Theatres des promenoirs publics, plantez d'arbres, & enfermez d'ordinaire d'un double Portique.

J'ay mis cette petite Deſcription du Theatre en general, pour mieux faire comprendre à ceux qui ne ſont pas verſez dans ces ſortes de bâtimens, ce qu'on peut remarquer du Theatre d'Arles en particulier, & pour en expliquer plus nettement le Plan qui a été dreſſé ſur le lieu même, avec toute l'exactitude poſſible, par le Sr. Peytret Architecte & ingenieur du Roy, & encore aprés luy, par le Sr. Guibert auſſi tres-habile Architecte de cette Ville, qui m'ont communiqué toutes les meſures & les dimenſions de nôtre Theatre, de la même maniere

maniere que vous l'allez voir. Je commence par les Portiques, qui sont les parties les plus exterieures, dont il nous reste, au Septentrion, deux arcs fort entiers, & un pied-droit, qui sont sur la ligne de la Scene. Le premier est celuy par lequel on entre dans l'enceinte du Theatre, & l'autre est dans le Convent des Peres Cordeliers, avec un pied-droit qui étoit du Portique de la Scene. Au Midy, il reste aussi trois arcs, sçavoir un de la ligne droite, & les deux autres du demi-cercle. On pourra observer icy qu'il y avoit en tout 48. arcs, sçavoir 11. derriere la Scene de 10. pieds de largeur, trois grands arcs de 14. pieds de largeur avec autant de grands & doubles pilastres sur châque aile, & 31. dans le demi-cercle, châcun de 12. pieds de largeur, avec des simples pilastres, & c'est ce qu'on a observé par les fondemens qui restent encore. Le diametre du Theatre avoit 50. canes & la circonference du demi-cercle 78. canes & 3. pieds.

Les Curieux pourront encore remarquer sur les arcs du Septentrion, une belle corniche à la Corinthiene, qui regnoit tout au tour du bâtiment, & deux frises (ce qui est assez singulier) dont la premiere qui tient lieu d'Architrave est Dorique, ornée de têtes de Taureaux, distinguée par des Disques; & l'autre Corinthienne, ou l'on voit un beau fueillage, plusieurs petits Amours voltigeans, des demi-corps des Taureaux, & des oyseaux au bas de la frise, le tout d'un travail si delicat, qu'il merite qu'on le considere avec admiration.

Sur les trois arcs du Midy, il y a deux autres arcs l'un sur l'autre, qui font ce que nous appellons la Tour de Roland & montrent l'élevation de nôtre Theatre, qui étoit d'onze canes, sans comprendre le bâtiment moderne.

Des Degrez, il en reste six voutes qui subsistent encore en leur entier, elles ont leur pente vers les deux colomnes élevées, ce qui fait voir manifestement qu'elles n'avoient cette disposition, que pour porter les sieges des Spectateurs.

Ces voutes antiques se voyent dans la ruë du jeu de paume.

De la Scene, il nous reste deux colomnes élevées de marbre jaspé, de trois pieds & demi de diametre, & de quatre

La Statue fut trouvée aux pieds de ces colomnes.

canes de hauteur. Elles soûtiennent un morceau de frise & d'Architrave, taillé à onglet, avec ses retours, qui se joignoient à une autre piece, où il faut remarquer que ces deux colomnes sont dix pieds plus prés des arcs de la Tour de Roland, que de ceux des Cordeliers, qui font le juste diametre de cet Edifice. Ce qui fait voir l'erreur de ceux qui prennent ce morceau de frise, pour le celebre Autel de Diane, dont nous parlerons dans la suite; puisqu il est certain que si ces deux colomnes eussent été destinées à supporter ce grand Autel, elles auroient été au milieu du bâtiment.

Le diametre du Theatre avoit 50. canes, & la Scene 30. où il y avoit plusieurs belles figures, & plus de cent cinquante colomnes de marbre, c'est ce qu'on justifie facilement par le grand nombre des pieces de colomnes qui nous restent, & par l'assortissement de la Scene.

L'avant Scene commençoit par une ligne droite, comme la pluspart de celles des autres Theatres, mais elle avoit cela de particulier, qu'elle faisoit une espece de syndre & d'enfoncement en perspective, comme nous l'observâmes par le plafond, en l'année 1684. lorsque le Sr. de Lanfant Commissaire General des Troupes en Provence, faisoit creuser par ordre du Roy, pour trouver les bras qui manquoient à nôtre admirable Statüe. Ceux à qui cet enfoncement de Scene faira quelque peine, pourront se satisfaire dans les livres de Daniel Barbaro, Patriarche d'Aquilée, Commentateur de Vitruve, & dans ceux de Serlio Italien, où ils trouveront des plans de Theatre, & entre autres celuy de Viterbe, semblables au nôtre. Derriere les deux colomnes élevées, il y en avoit deux autres de la même grandeur, comme on la observé par le plafond. La porte Royale avoit 16. pieds de largeur, celles des Etrangers 14. & celles-cy étoient ornées des colomnes canelées: & on l'infere par neuf bases de trois pieds de diametre qu'on a découvertes sur l'aile gauche du Theatre d'ont l'une étoit encore en place, comme la planche le marque.

On a trouvé de toutes les pieces qui assortissoient cette

Scene, comme plusieurs beaux morceaux de draperies, des bases; des frises, d'architraves, des chapiteaux, des corniches corinthiennes, d'un travail inestimable, & quantité d'incrustations de marbre; ce qui fait juger que tout le dedans du Theatre devoit être revêtu de marbre, avec une somptuosité digne de la grandeur & de la puissance des Romains.

Nous ne sçavons rien de certain de l'Autheur de ce superbe Edifice, seulement sçavons nous que Constantius fils de Constantin le grand, ayant passé un hyvert entier en cette Ville, y donna les jeux du Theatre, & ceux du Cirque la trentiéme année de son Empire, avec une magnificence extraordinaire au rapport d'Ammien Marcellin. L'Empereur Gallus y fit aussi representer les mêmes jeux, le sixiéme des ides d'Octobre, & la même année qu'il étoit monté sur le Trône Imperial. Comme nous l'apprenons de Pomponius Lætus, en la vie de cet Empereur.

Ammien Marcellin, lib. 14.

Gallus sedatis bellis civilibus, ludos Arelate dedit. Anno VI idusum Octobr. quo imperium sumpserat Pomp. lætus de Gallo Imp.

Nous lisons dans la vie de St. Hilaire Evêque d'Arles, composée par Ravennius son successeur; que ce grand Saint par un principe de pieté, fit depoüiller nôtre Theatre de ses plus beaux marbres, pour en orner les Eglises: *Cirillus Levita*, dit Revennius dans un vieux Manuscrit, *Basilicis construendis præpositus, dum marmorum crustas, & Theatri proscenia celsa deponeret, fidei opere, nudans loca luxuriæ, quod sacrum parabat ornatibus, &c.*

Mais il y a apparence qu'il fut achevé d'être detruit, à l'occasion des Guerres sanglantes, ou par les Ennemis, ou même par les Habitans de cette Ville, pour se servir des pierres toutes taillées, & fort propres à fermer les breches, dans les pressantes necessitez. Et voila ce qu'on peut remarquer du Theatre d'Arles. Il ne reste plus qu'un doute à éclaircir, pourquoy on appelle communement les ruïnes du Theatre, le Temple de Diane; & c'est ce que nous tâcherons de faire, au Chapitre suivant, aprés avoir expliqué le Plan de nôtre Theatre.

EXPLICATION DU PLAN DU THEATRE D'ARLES.

A.A.A. le double Portique qui rouloit tout autour par embas.
B.B.B. le double Portique qui étoit au haut du Theatre.
C.C.C.C. les entrées par ou on passoit des Portiques dans l'Orchestre pour se disperser sur les Degrez.
D.D.D. les mêmes passages du second étage.
E.E.E. les escaliers par lesquels on montoit au second étage.
F.F.F. le passage qui est sous les Degrez.
G.G.G. les chambres parmi lesquelles étoient celles des Vases d'Erain.
H.H.H. les petits Degrez qui étoient coupez dans les sieges pour pouvoir monter & descendre plus commodement.
I. l'Arc de la Misericorde.
K. l'Arc qui se trouve dans le Convent des Cordeliers.
L.L. le Portique derriere la Scene. M. la Tour de Rotland.
N. l'Orchestre. O.O.P.P. le Pupitre sur lequel les Acteurs joüoient.
Q. la Porte Royale. R.R. les Portes des Etrangers.
S.S.S. les Machines triangulaires.
T. les deux Colomnes qui sont encore droites, au devant desquelles on a trouvé la Statuë.
V. le pied-droit qui est dans la cave du jeu de Paume, marqué dans le Portique interieur du demi-cercle.
X. le pied-droit du Portique exterieur du demi-cercle qui est dans la cave d'une maison appartenant à Monsieur Rouhaud.
Z. les cinq pieds-droits trouvez dans le jardin des Religieuses de la Misericorde.
& le Plafond de la Scene.

Où il faut remarquer que tout ce qui est couvert des hacheures, subsiste encore dans la même situation que le Plan le fait voir.

CHAPITRE

LE PLAN DV THEATRE DARLES

Septemtrion

Midi

Chapitre VIII.

Du Temple de Diane, & de l'Abbaye Royale Saint Cesaire.

POur donner quelque jour à la difficulté que nous avons proposée dans le Chapitre precedent; 1o. il faut examiner de prés les debris d'un bâtiment considerable, comme des pieces de colomne, de corniches, & autres de cette nature, de pierre commune, d'ordre ionique, qui sont au long des murailles, vers la porte de Laure dans la Ville, & dehors un grand plafond qui est au pied de la seconde tour de ce quartier-là, & nous trouverons que ces ruïnes n'ont aucun rapport avec celles du Theatre, & que ce plafond n'a jamais été du dessein de cette tour, ni même des murailles de la Ville. 2o. il faut que nous considerions un pan de vieille muraille qui est devant la porte de l'Eglise de St. Cesaire, & qui alloit joindre ce plafond. 3o. il faut nous souvenir icy de ce beau pavé à la Mosaique qui fut trouvé, lors qu'on creusoit pour faire les fondemens du nouveau bâtiment des Dames de St. Cesaire, lequel avoit plus de 8. canes de longueur & plus de 5. de largeur, toutes ces choses nous feront juger sans doute qu'il y avoit anciennement quelque Edifice considerable au même endroit, où est à present le Monastere.

Les Temples de Diane étoient presque tous d'ordre ionique selon Vitruve.

Et deux raisons particulieres nous feront conclurre que c'étoit apparemment le fameux Temple de Diane: La premiere est prise d'un acte de l'an 1001. produit par le R. Pere d'Augieres, sous la bonne-foy d'un Curieux, où il est marqué que le Temple de Diane étoit entre l'Eglise de St. Trophime, & le Monastere de St. Cesaire, qui n'étoit pas loin de là; & l'autre raison est tirée de la Tradition, qui a toûjours placé le Temple de cette Deesse, fort prés du Theatre. Et cette proximité

Ce Monastere fut bâti la premiere fois

près de la Croisiere on voit encore quelques restes que nous expliquerons dans la suite.

de lieu peut avoir été la veritable cause pourquoy l'on a confondu, dans la suitte des temps, ces deux bâtimens antiques en un seul, qu'on a appellé communement le Temple de Diane. Aprés avoir observé tous ces pytoyables restes, nous entrâmes dans l'Eglise de St. Cesaire.

Cette Abbaye est de nominatiō Royale, & une des plus anciennes du Royaume. Elle fut fondée par St. Cesaire Archevêque d'Arles, vers l'an 538. il en donna la conduite à sa sœur Cesarée qui avoit été élevée à Marseille, dans l'état Monastique. Cette illustre Sainte eut tant de succez dans son administration, que dans moins de trente ans, on y vit deux cents Religieuses. Ce grand Prelat ayma si fort ce Monastere, à cause des éclatantes vertus, dont il le voyoit rempli, qu'il le fit heritier de tous ses biens.

Le Testament de St. Cesaire, est rapporté par Mr. de Saxi page. 101

Sainte Cesarée étant morte, Sainte Radegonde Reine de France, Sainte Cesarée la jeune, & Sainte Liliole, en furent successivemet Abbesses; Et elles rendirent ce Monastere si florissant, par la sainteté de leur vie, qu'elles y ont toûjours attiré depuis ce temps-là, un tres-grand nombre de Dames de la premiere qualité, qui en observent la Regle soûs le titre de Religieuses de Saint Benoit.

Il y a plusieurs choses à voir en ce lieu, 1°. plusieurs Saintes Reliques, comme du Sacré bois de la Croix de Nôtre-Seigneur, un doigt de St. Laurent, dont la chair a été miraculeusement conservée jusqu'aujourd'huy, & plusieurs autres Saints Ossemens, conservez dans des Chasses d'argent. 2°. une Inscription antique, gravée sur un pied-d'Estail de marbre, qui soûtient l'Autel de Saint Charles. 3°. une base de marbre d'une grosseur prodigieuse dans le jardin qui étoit peut-être de l'une de ces deux grandes colomnes dont parle Gervasius, sur lesquelles on faisoit le sacrifice humain, dont nous parlerons dans la suite.

CHAPITRE IX.

De l'Eglise Collegiale la Majour, Et des Conciles d'Arles.

COntinuant nôtre route au long des murailles, nous arrivâmes à l'Eglise de la Majour. Elle est une des plus anciennes de la Ville, comme le témoignent plusieurs gros piliers à l'antique, qui en soûtiennent la voute, & l'Inscription suivante rapportée dans la somme des Conciles, & tirée fidelement par le Doyen de ce Chapitre d'une pierre toute fanduë qui étoit au dessus de la porte de cette Eglise, quand le devant fut refait l'an 1592 en ces termes:

> *Anno creati orbis* 4414. *Christi nati* 453. *Pontificatus Leonis I. Magni, XIV. Valantiniani & Martiani Imp. III. Opilione & Vicomelo Romanorum Coss. Merovei Francorum Regis V. Ravennio Arelat. Civitatis, Nostri præsentia triginta quatuor Episcoporum, qui ibidem tertium Arelatense Concilium celebraverunt.*

Où il faut remarquer en passant, qu'il s'est tenu en divers temps plusieurs Conciles tres-celebres en cette Ville, & peut-être en cette même Eglise. Le premier y fut tenu l'an 314. contre les Donatistes, & contre le Baptême des Heretiques. Ce Concile fut composé de tout ce qu'il y avoit des grands hommes dans la Chrêtienté. Comme il est marqué au 15. Canon du second Concile d'Arles: *Primum Concilium Arelatense ex omnibus partibus mundi celebratum.* Saint Augustin l'appelle *plenarium Ecclesiæ universæ Concilium.* Ce grand Docteur de l'Eglise ajoûte que deux cens Evêques y assisterent. Adon de Vienne neantmoins en met six cents. *St. Aug. en l'Epitre 162. & ailleurs.*

Constantin le grand voulu se trouver à ce Concile, & ce fut seulement pour en faire observer l'ordre, & non pour y presider, ayant repondu ces belles paroles dignes du premier des Empereurs Chrétiens aux Heretiques, qui l'avoient prié de juger luy-même de leur cause : *Judicium meum postulant, qui ipse judicium Christi expecto.*

Saint Hilaire convoqua le second Concile vers l'an 439. avec un pareil nombre d'Evêques; l'on y fit cinquante Canons pour la discipline Ecclesiastique qui furent confirmez par le Pape Saint Leon.

Le troisiéme fut tenu soûs Ravennius dans l'Eglise de la Majour, comme l'Inscription que nous venons de rapporter, & le corps des Conciles nous l'apprennent. Outre ces trois Conciles, il y en a êu plusieurs autres tenus en cette Ville, & entre'autres celuy de l'an 588. ou St. Veran Evêque de Cavaillon assistoit, & pendant lequel il mourut dans Arles. Comme l'office de Cavaillon, & la legende de ce St. le marquent.

Dans la vie de St. Veran par Monsieur François Mathieu Chanoine & Penitentier de l'Eglise Cathedrale de Cavaillon.

Les Curieux pourront voir en cette Eglise, 1o. plusieurs belles Chasses d'argent pleines de Saintes Reliques, parmi lesquelles il y a celle de St. Marc qui conserve une des Machoires de cet illustre Evangeliste. Elle fut envoyée par la Republique de Venise, à la Ville d'Arles, lorsqu'elle étoit Republique, en reconnoissance de quelques bleds qu'elle luy avoit fournis dans un temps de famine. Et ce fut alors que ces deux Republiques firent ensemble une étroite alliance. Cette precieuse Relique fut donnée à l'Eglise de la Majour, parce qu'en ce temps-là, elle étoit la Parroisse de Messieurs les Consuls, lorsque l'Hôtel-de Ville étoit dans le quartier qu'on apelle communement le planet de Charles Cheynet, qui est dans l'enceinte de cette Parroisse. Et c'est ce qui procura à cette Eglise l'action du Panegyrique qu'on y fait, toutes les années, des Antiquitez d'Arles, le jour de St. Marc. Aprés avoir remercié Monsieur Chaix Doyen de ce Chapitre, qui est également sçavant & tres-homme de bien, & qui nous avoit instruit de toutes ces choses, avec beaucoup de bonté, nous allâmes voir le grand Amphitheatre qui n'est éloigné delà, que de quelques pas.

Dans un jardin qui est à côté de cette Eglise, il y a une Inscription fort curieuse, composée de 7. letres en chaque mot, & de 7. lignes en tout.

CHAPITRE

L'Amphiteatre d'Arles comme il est a present 1686

CHAPITRE X.

De l'Amphitheatre d'Arles.

COmme la magnificence des Romains éclatoit particulierement dans les Amphitheatres, selon la remarque du Poëte : Martial Lib. 1.

Omnis Cæsareo cedat labor Amphitheatro,
Unum pro cunctis fama loquatur opus.

Nous pouvons dire que celuy dont ils ornerent cette Ville, fut un des plus considerables bâtiment dont ils l'embellirent, étant sans contredit un des plus beaux qu'ils éleverent dans les Gaules, comme la suite le faira voir.

Nous ne sçavons pas au vray l'Autheur de cet Amphitheatre, mais il est probable qu'il fut construit par Tybere Neron pere de l'Empereur Tybere, lequel étant Questeur de Jule Cesar, conduisit par l'ordre du Senat plusieurs Colonies dans les principales villes des Gaules, & entr'autres en celle-cy; comme nous disions dans la Preface. Surquoy Lypse nous fait remarquer que les Romains envoyoient rarement des Colonies dans les villes considerables, qu'ils ne leur fissent bâtir en même-temps un Amphitheatre, pour mieux captiver leur bienveillance, & pour rendre leur domination plus douce à leurs nouveaux sujets. Et c'est ce que Tybere executa probablement en cette Ville environ l'an 43. avant la venue de Nôtre-Seigneur. Et ainsi nous pouvons dire que cet Amphitheatre à plus de dix sept Siecles d'ancienneté, & qu'il est un des premiers dont les Romains embellirent les Gaules. Lyps. cap. 4.

Sa forme est ovale, comme celle de presque tous les autres; car l'Amphitheatre étoit ainsi appellé, comme de deux Theatres joints ensemble sans aucune Scene, selon que le definit Lypse : *Amphitheatrum junctum, & factum erat ex duobus Theatris, rejecta Scena.* Il étoit enrichi au dehors, de beaux Lyps. cap. 1.

L

Portiques qui l'environnoient, à trois étages de pierre de taille, d'une grosseur prodigieuse. Chaque étage contenoit soixante arcs qui subsistent encore parmi lesquels, il y avoit quatre entrées principales. Sa circonference a en haut, sans comprendre la saillie de l'Architecture, 194. toises, & trois pieds; le frontispice 17. toises de hauteur; la place du milieu, qu'on appelloit proprement l'Arene, 71. toises, trois pieds; du Midy au Septentrion qui est sa longueur; & 51. toises, & 5. pieds, du Levant au Couchant, qui est sa largeur.

La canne mesure de Provence est composée de 8. pans, & le pan de 9. pouces & demy. La toise mesure de France, est composée de 6. pieds, & le pied de 12. pouces.

Les murailles avoient 17. toises dépaisseur. Elles étoient soûtenues par des voutes, dans lesquelles il y avoit des chambres & des galeries tout au tour qui servoient à passer sur les bancs ou s'assissoient les Spectateurs. Ils y pouvoient être tres-commodement au nombre de trente mille, châque place ayant, l'une portant l'autre trois pieds de flanc & deux de front, selon la supputation qui en a été faite par le Pere Joseph Guis, Prêtre de l'Oratoire, qui assure, dans la description qu'il a faite de cet Amphitheatre c. 11. qu'il y avoit quarante trois rangs de sieges, comprenant l'espace qui servoit à loger les personnes de qualité qui valoient six rangs ordinaires, & le plus haut rang qui en valoit deux.

Je ne descends point dans le detail des autres parties de ce vaste bâtiment. Outre que je ne pourrois rien ajoûter de nouveau à ce que le Pere Joseph en dit dans la sçavante description qu'il a donnée au public,* de la structure de ses murailles, de ses portiques, de ses degrez, & de toutes les autres choses dont il étoit composé. Le Lecteur Curieux aura recours au Chapitre du Theatre, ou j'ay traitté de ces portiques, de ces degrez, & de ces voutes qui les supportoient, toutes ces choses étant à peu prés semblables, dans ces sortes d'Edifices.

** Soûs le Consulat de Mrs. Loüis de Vavadier sieur Dorsiere, qui a été quatre fois premier Consul de cette Ville, Iacques du Moulin, Iean Gros Boussicaud, & Benoit Escoffier en l'année 1665.*

Je ne m'arrêteray pas non plus à refuter l'erreur de quelques personnes qui disent que nôtre Amphitheatre ne fut jamais achevé; car outre que cet Autheur là fort-bien prouvé, soit par l'exactitude des Romains qui ne laissoient jamais rien d'imparfait, soit par quelques sieges qui restent encore,

Arelate hyemem agens

l'Histoire nous apprend que plusieurs Empereurs y donnerent des jeux tres-magnifiques, comme nous le trouvons dans Pomponius Letus, qui dit que l'Empereur Gallus, aprés avoir chassé les Tirans de l'Europe fit celebrer dans l'Amphiteatre d'Arles des spectacles fort superbes, environ l'an de nôtre Seigneur 255. Dans Ammien Marcellin de l'Empereur Constantius fils aîné de Constantin le Grand, qui y fit continuer les mémes spectacles tant des Gladiateurs, que de la chasse des bestes l'an 350. Dans Sidonius Apollinaire Comte & Evéque de Clermont, lequel aprés avoir parlé d'un magnifique Forum qui étoit autrefois en cette ville, parle aussi d'un festin solemnel que l'Empereur Majorien y fit, avec une dépense, & une magnificence incroyable, aprés y avoir donné les mémes divertissemens au peuple.

Constantius, post Theatrales ludos atque circenses, ambitioso editos apparatu ad diem 6. idus octobris qui tricesimum Imperii ejus annum terminabat.

Ammian Marcellin. Lib. 14.

Et errant profecto qui citant illum locum in lib. 12. vel in lib. 18.

Sydonius liv. 1. Epist. 2.

Ie passeray encore sous silence une autre erreur qui s'est glissée parmi le peuple, qu'il y à une cave soûterraine qui va aboutir à l'Amphiteatre de Nismes, puisque les deux Rhônes & les Marets qu'il faut necessairement passer, font assés voir aux gens de bon sens qu'une telle cave est impossible.

Quant à l'Etat present de nôtre Amphiteatre, il nous fait bien voir que les Romains n'ont pas eû tout le succez qu'ils esperoient de leurs superbes ouvrages; car croyant par la solidité de ces grands Edifices, de nous laisser des marques de la grandeur humaine, & d'eterniser leur memoire, ils nous ont donné au contraire une preuve de la corruption de toutes les choses de la terre. Nous en avons un exemple sensible dans cet Amphitheatre, qui ayant été bâti de pierres de taille d'une grosseur extraordinaire, sembloit devoir durer autant que le monde, & qui neantmoins a été detruit dans ses plus belles parties. Sa face interieure est toute defigurée, ne restant plus aucun siege en sa place. Le dehors est rempli des maisons qui empêchent qu'on le puisse voir dans toute son étendüe. Nous vimes neantmoins la face du second & du troisiéme étage environnée de colomnes, avec leurs bases & leurs chapiteaux, où paroit une corniche richement travaillée, le tout d'un ordre italique & composé.

Le premier étage est presque tout entier, hormis que la pluspart des chambres, des prisons, & des caves sont comblées de terre. Nous remarquâmes une muraille extremement épaisse, & même plus ancienne que l'Amphitheatre, qui paroit, depuis l'entrée du Levant, jusqu'à celle du Septemtrion, qui marque que nôtre Amphitheatre fut bâti sur les ruïnes de quelque grand & ancien bâtiment.

On voit trois Tours sur cet Amphitheatre. Mais elles ne sont pas du dessein de cet Edifice, leur structure étant beaucoup plus recente, & elles peuvent avoir été faites durant les Guerres, selon la remarque de Rodericus qui appelle les Arenes de Nismes: *Præsidium Arenarum.*

EXPLICATION DES DEUX FIGURES DE L'EMPHITHEATRE.

A Marque le Frontispice.
B. la place ou l'Arene.
C. le siege de l'Empereur.
D. l'Orchestre.
E. les sieges du Peuple.
E. les Vomitoires.
G. le grand Parapet.
H. le petit Degré.
I. les Galleries.
L. les Chambres du second étage.
M. les Prisons.
N. les Courroirs.
O. les Chambres du premier étage.
P. un des Degrez.
Q. une des Prisons.
R. une des Caves pour les bêtes.

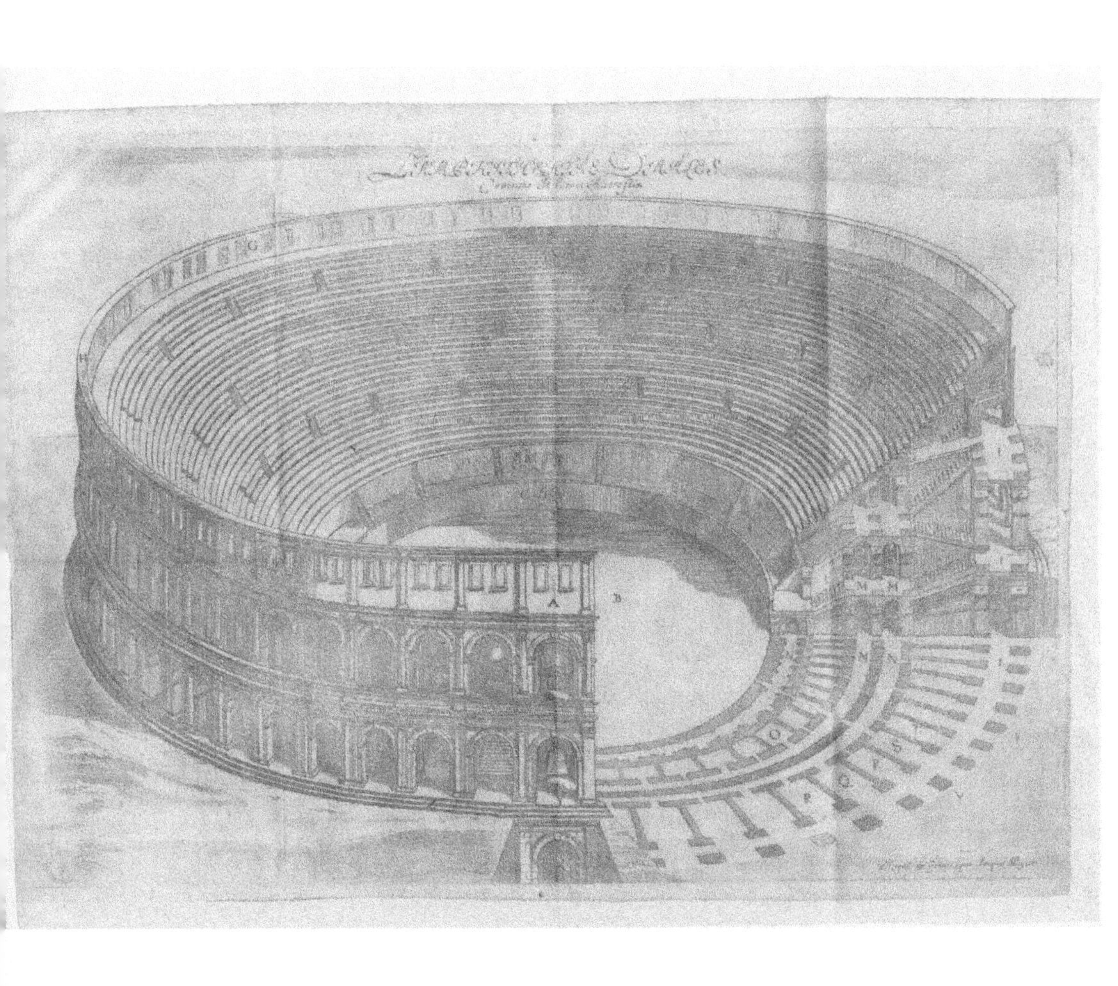

S. un des passages du bas étage.
T. un des Cachots. V. la ruë. X. la porte des Machines.
Y. une des quatre principales entrées.
Z. le Degré exterieur.

Et c'est la même explication dont le Pere Joseph Guis s'est servi dans la premiere figure, n'en ayant point donné pour la seconde qui se trouve assez éclaircie par l'explication de la premiere.

Chapitre XI.

De l'Arc admirable, & des divers Blazons de cette Ville.

Il ne faut point passer de l'Amphitheatre au quartier du St-Esprit, sans voir le cabinet de Monsieur le Conseiller Terrin. Il suffit pour vous en faire valoir le prix, de vous rapporter ce qu'en dit Monsieur Patin si celebre dans la connoissance des Antiques : * *Arelatem Regni olim Metropolim Terrenus Cimeliarchio suo nobilitat*, & de vous vous faire remarquer ce que l'Autheur du Mercure Galant du mois d'Avril 1684. dit du cabinet & du maître, au sujet de la Statuë d'Arles, dont cette Ville à fait un present au Roy : en voicy les termes : On avoit crû jusqu'icy que c'étoit une Statuë de Diane, mais Monsieur Terrin Conseiller au Presidial d'Arles à fait connoitre par de tres-fortes raisons que c'est une Statuë de Venus. On peut s'en croire, puisque c'est un homme infiniment éclairé, lié de commerce avec tout ce qu'il y a de sçavans, instruit à fonds de toute l'Antiquité Greque & Romaine, de toutes les sciences curieuses, & de tous les beaux Arts ; & fort intelligent aux ouvrages de peinture & de sculpture, antique & moderne, il écrit en prose & en vers avec beaucoup de pureté, & a une Bibliotheque choisie des

Ce quartier s'appelle, le St. Esprit à cause d'un Hôpital de ce nom qui y étoit, & dont on voit encor les armes qui sont un Agneau sur la maison du Sr. Feraud marchand.

* *Introductio ad Historiam numismatum.*

meilleurs livres & un cabinet de Medailles d'or, d'argent, & de grand bronze; d'estampes, de tableaux, de graveures, & de figures antiques; ce cabinet est fort estimé, mais il en est luy-même l'ame & l'esprit, puisque tant de belles choses qu'il possede peuvent recevoir par ses ouvrages des lumieres encore plus belles que celles que l'art & la nature leur ont pû donner.

A quelque pas delà, on trouve la ruë St. Claude qui étoit embellie anciennement d'un Arc de triomphe qu'on appelloit, par excellence L'ARC ADMIRABLE. Et c'étoit sans doute pour le distinguer de plusieurs autres dont cette Ville étoit ornée, dans les siecles passés. Nous n'en trouvâmes plus aucun vêstige. Et la memoire nous en a été conservée seulement par la Tradition, & par un Acte de l'an 1511. qui en fait mention dans la reconnoissance d'un jardin, & d'où je pris les paroles suivantes:

Cette Acte est entre les mains des R. R. Peres de l'Oratoire, de cette Ville

Et ab alia parte, cum Carrerià publicà tendente de Carreria Hospitalis Sancti Antonii de ARCV MIRABILI *de Civitate Arelatensi ad caput Regis &c.* Le quartier qu'on appelloit la Teste de Roy, tiroit vers l'Observance, qui est aujourd'huy un beau Convent des Peres Recollets. Nous nous avançâmes en suite jusqu'à la porte de la Cavalerie, sur laquelle nous y lûmes cette genereuse Devise, qui est au dessous d'une Statuë de Minerve, & de Mars & au milieu de deux magnifiques Tours: IN VTRVMQVE PARATA.

Il y avoit un autre Hôpital dans la ruë de Saint Claude qu'on appelloit l'Hôpital de Saint Antoine: & ces deux Hôpitaux & quelques autres qui étoient dans cette Ville ont été reunis, au grand Hôpital que nous y voyons aujourd'huy, qui est un des plus beaux de la Province.

Cette devise nous donna occasion de nous entretenir de quelques autres devises, & des diverses armes de cette Ville. Surquoy je disois au Chevalier que je n'étois pas du sentiment de quelques Auteurs, qui croyoient que le Lyon que cette Ville porte dans ses armes, luy avoit été donné par les Venitiens, au temps de leur alliance, comme le Sr. Bouis l'assure, ni même qu'elle le prit de Boso son premir Roy, comme le tient Monsieur Saxi, fondé sur le Lyon de sable sur l'argent, qu'on voit sur le tombeau de Guillaume Boso, parent du Roy, & Prevost de cette Eglise. Il y a plus d'apparence que cette Ville tient son Lyon des Grecs de l'Ionie, comme elle en avoit receu le culte de Diane. Car ces mêmes Grecs qu'elle se proposoit presque toûjours pour exemple dans les affaires de Religion & d'Etat, portoient dans leurs armes, & dans leurs monnoyes une Diane d'un côté, & au revers un Lyon, comme on le justifie par quantité de Medailles d'or, d'argent, & de cuivre, qu'on a trouvées dans la ville de Marseille, & dans son terroir, * ou il y avoit d'un côté la tête de Diane, & de l'autre un Lyon, avec le mot Grec *ΜΑΣΣΑ*. Il est vray qu'il y eut quelque interruption, puisque Procope nous assûre que soûs l'Empire de Justinien, cette ville portoit un Genie aîlé, qui avoit la forme d'un homme. La remarque de cet Auteur est trop glorieuse à cette Ville, pour la passer sous silence. Il dit que la seule Ville d'Arles avoit permission de mettre ses armes dans les monnoyes d'or & d'argent qu'elle faisoit battre; toutes les autres villes de l'Empire ne pouvant graver sur leurs monnoyes que la tête de l'Empereur. Voicy les paroles de Procope:

Imperante Justiniano, hic (id est Arelate) non vultus Principis, ut alibi, monetæ imprimebatur, sed ipsorum Arelatensium insigne: & plus bas *hi, (id est Arelatenses) aureum nummum nativo & Galliarum metallo cudunt, non Romani Imperatoris, ut cæteri solent imagine, sed suâ impressâ, quæ erat Genius forma hominis alati percussus.* Ou nous remarquerons encore avec un autre Historien, qu'il se battoit une grande quantité de monnoye d'or & d'argent en cette Ville, qu'il y avoit même un des douze Generaux des Thresors établis dans l'Occident, & un des trois Surintendans des Finances établis en France, sçavoir un à Arles, l'autre à Reims, & le troisiéme à Treves.

Mais quoy qu'on marqua pour lors les monoyes d'un Genie aîlé, la Ville d'Arles ne tarda pas à reprendre son premier Lyon, comme on le voit dans les Seaux les plus anciens, qu'on garde dans les Archives, ou il y a d'un côté le Lyon, comme elle le porte aujourd'huy; avec cette devise.

** Au rapport de Raymond de Souliers dans ses Antiquitez de Marseille.*

Procop. lib. 3. de bell. Goth.

VVolfangus Laxius Allemand, dans ses cõmentaires à la Republique Romaine.

Le vaste appartement des Monnoyeurs de cette Ville a été demoli en nos jours, & le seul nom demeure à ce quartier appelé la Monede.

Nobilis in primis dici solet ira Leonis. Et au revers tantôt une ville, & tantôt trois châteaux liez ensemble, avec cet autre devise tout autour :

Urbs Arelatensis est hostibus hostis & ensis.

Et cette prodigieuse ancienneté pourroit bien être la veritable raison du metail sur metail des armes de cette Ville, pour avoir été prises plusieurs siecles auparavant qu'on eut fait les regles du Blazon. Et puisque nous sommes sur les devises, il ne faut pas oublier celle qu'on voyoit autrefois dans le vieux Hôtel-de Ville, en ces paroles retrogrades : SALE RATA REFERAT ARELAS. Elle faisoient allusion à la grande quantité de sel que le terroir d'Arles porte naturellement, & exhortoit en même-temps Messieurs du Conseil de faire que toutes leurs deliberations fussent faites avec prudence, dont le sel est le Symbole.

CHAPITRE XII.

De l'Eglise de Saint Julien, & des Reliques de Saint Antoine.

NOus rebroussâmes chemin de la porte de la Cavalerie, pour venir voir l'Eglise de Saint Julien. Elle a l'avantage d'avoir été sacrée par le Pape Calixe II. passant par cette Ville, & revenant de celebrer le Concile de Reims, l'an 1119. selon la remarque de Panduphe, dans ses Chroniques, & de Monsieur Saxi.

Nous jettames les yeux en entrant, sur un Chapiteau corinthien antique, de marbre, d'une grosseur prodigieuse, qui sert de Fons Baptismaux dans cette parroisse. Cette Eglise à l'honneur de conserver dans une Chasse d'argent vermeil de grand prix, le Chef & les principaux Ossemens de l'illustre Pere des dezerts St. Antoine. Je sçay que les Antoniens du Dauphiné nous contestent la possession de ce precieux thresor qu'ils qu'ils n'ont pas sçeu se conserver. Mais j'ay une Dissertation toute prête pour faire voir manifestement à tout le monde leur imposture. C'est une piece que je leur garde, & que je n'ay pas voulu mettre icy, pour ne pas trop charger mon Voyageur.

CHAPITRE XIII.

De quelques restes du Palais de Constantin; Et d'un beau Morceau qui est devant l'Eglise de St. Lucien.

DE Saint Julien nous tirâmes vers l'Hôtel de Saint Jean, où nous remarquâmes un vieux Palais rüiné, d'un grand circuit, & qui s'étendoit jusqu'à la maison de Monsieur de Beaumont, comme le marque un vieux pan de muraille qu'on y voit encore. Bien qu'aucun Autheur ancien ne fasse point mention de cette Edifice, les pierres parlent neantmoins comme l'on dit, & la plus ancienne tradition en a toûjours fait le Palais de Constantin le grand, appellé communement le Château de la Troüille, semblable à celuy que ce Prince fit bâtir ensuite à Constantinople. Du moins il est aisé de connoitre que ce sont icy les debris d'un bâtiment superbe, comme on le peut juger par plusieurs grosses colomnes de granite, & de marbre blanc; par des pieces de corniche de plus de douze pans de longueur d'un marbre & d'un travail tres-rare, qu'on a découvertes dans les maisons voisines; * & quantité de grandes pierres froides, d'une largeur prodigieuse, & d'une polissure incroyable, qui servoient au pavé de la basse cour de ce Château, trouvées, ces dernieres années, à dix pans sous le terrain, devant la maison du sieur Guibert, où elles sont encore en œuvre.

** Dans la maison de de Messieurs de Barthelemi, & de Vallernole. Et dans la maison de Mre. Tourré Mre. Serrurier.*

Mais ce qu'il y a deplus considerable parmy ces ruïnes, ce sont divers Canaux de plomb, qu'on a tirez de ces endroits, depuis quelques années, & qui venoient du grand

Aqueduc antique dont nous parlerons, au Livre suivant.

L'Empereur Constantin qui avoit choisi cette Ville pour en faire le lieu de ses plus tendres delices, n'avoit rien épargné pour l'orner & pour l'enrichir, comme nous le dirons dans la suite. Il avoit fait faire un Aqueduc magnifique, & divers Reservoirs publics, ou toutes les eaux des montagnes d'alentour étant ramassées, se distribuoient par la Ville, par le moyens de divers Canaux qu'on trouve, tous les jours dans tous les quartiers, & qui étoient d'une depense presque infinie; il est facile d'en juger par celuy qui fut découvert il y a environ trente ans, dans la maison de Monsieur Claude Raspal Mre. Chirurgien de cette Ville, & dans celle de Maître Tourré, dont châque piece pesoit plus de 15. quintaux, pour deux toises de longueur. Ou il faut remarquer que ces Canaux étoient dans la disposition de se croiser, ce qui fait voir qu'ils étoient destinez à des differentes fontaines qui fournissoient de l'eau en abondance à tous les quartiers de la Ville.

Ce plomb paya au sieur Raspal la dépense de son puis, & une partie de celle de son bâtiment, à ce qu'il m'en a dit luy-même.

Aprés avoir consideré toutes ces choses, avec plaisir, nous laissames à main droite l'Eglise des RR. Peres Prêcheurs, qui est une des plus belles de la Ville, pour aller voir un beau Morceau qui est devant l'Eglise de Saint Lucien, ou nous arrivâmes sur les trois à quatre heures du soir. Nous y remarquâmes une riche Corniche couronnée d'un demi Fronton, & quelques colomnes de marbre jaspé qui là soûtiennent. Elles ont environ 24. pieds de hauteur, ayant leurs bases & leurs chapiteaux, d'ordre corinthien, & d'un travail qui fait l'admiration de tous les Connoisseurs qui ont soin d'en prendre une ébauche. Ces ruïnes magnifiques & pitoyables tout en semble, nous font voir les marques de la barbarie des hommes, & de la cruauté des temps. Elles nous fournissent un témoignage éloquent de l'inconstance de la grandeur humaine; Et elles apprennent en même-temps par leur exemple, aux Palais les plus superbes que leur beauté est perissable, & qu'un jour on cherchera inutilement dans leurs tristes masures, s'ils ont été autresfois des Palais des Roys, ou

Dans la dépense des Peres Prêcheurs penu, il y a un tombeau antique de marbre avec son Inscription. Ils s'en servent de pile pour tenir leur huile; ce qui est cause qu'on ne peut pas le voir facilement.

des Temples des Dieux, sans en rien pouvoir connoître de certain, comme nous des debris que nous examinons icy.

Quelques-uns disent que ce sont les restes d'un Temple de Minerve, fondant leur opinion sur une ancienne tradition qui nous apprend que l'Eglise de Saint Lucien étoit appellée anciennement Nôtre-Dame du Temple, à cause (disent-ils) qu'elle étoit bâtie devant ce Temple. Car il est certain que cette Eglise est une des plus anciennes de la Ville, étant déja fondée du temps de l'Empereur Charlesmagne qui donna à cette Eglise les Reliques de Saint Lucien qu'il avoit receües de l'Orient. Et l'ancienneté de cette Eglise est confirmée par une Chapelle soûterraine, dans laquelle nous descendimes ou il y a encore l'Autel sur lequel les premiers Chrêtiens celebroient la Sainte Messe, pendant la persecution des Empereurs.

Carolus Magnus sacras Sancti Luciani Martyris Reliquias ex Oriente susceptas, Arelatensibus dedit, & in ecclesiam ipsius nomini dedicatam collocandas curavit.

Quelques autres veulent neantmoins que ces debris dont nous parlons, soient les restes de l'ancien Capitole d'Arles, ou l'on tenoit les Assemblées du Senat, à cause qu'on remarque dans son Architecture, quelque chose de semblable à la Maison Quarrée de Nismes, disant que les caves qu'on voit aux environs, étoient les prisons du Capitole: ce qui se justifie par la coûtume des Romains, qui ne manquoient point de bâtir dans toutes leurs celebres Colonies, des Amphitheatres, des Theatres, des Cirques, des Basiliques, & souvent des Capitoles. Il y avoit même en cette Ville, comme à Rome, un *Forum*, ou une place magnifique ornée de Portiques, de Colomnes, & des Statües qu'on dressoit à l'honneur de ces Illustres Citoyens qui s'étoient distinguez par quelque action glorieuse: au rapport de Sidonius Apollinaire, qui écrivant à un de ses amis, luy dit entre'autres choses, que suivant la Cour de l'Empereur Majorien qui étoit en cette Ville, & qu'étant venu à la place, à son ordinaire, il fut bien surpris, lors qu'il vit que ses amis, au lieu de le salüer, les uns se cachoient derriere les Statües, les autres fuioient derriere les Colomnes. par ce qu'on le soupçonnoit d'être l'Autheur d'une Satyre qu'on

In officio, Sancti Luciani in codic. SS. Arelatensi.

In Forum ex more descendo. Alij fugere post statuas, alij occuli post columnas.

Sidon. epist. 11. Lib. 1. l'an 460. selon la remarque de Mr. Terrin.

avoit fait contre les principaux de la Ville. Dequoy Sidonius se justifia par un impromptu en vers, auquel l'Empereur l'avoit condamné par raillerie, dans le festin qu'il donnoit aprés les jeux de l'Amphitheatre. Il se pouvoit faire que ce *Forum* magnifique fut ce que nous appellons aujourd'huy le plan de la cour qui est, tout proche des beaux restes de nôtre Capitole; comme l'expression de Sidonius semble le marquer.

Sans nous éloigner beaucoup de l'Eglise de Saint Lucien, nous allâmes voir deux Cabinets fort curieux, l'un de Mr. Remuzat * bourgeois, l'autre de Mr. de Laurens Gentilhomme de cette Ville. Ce dernier nous montra quantité de Medailles d'or, & d'argent, de riches Agathes, de Graveures, de rares Peintures, & plusieurs autres belles choses qui rendent ce Cabinet fort considerable.

* *Qui a de tres-belles connoissances dans l'Antiquité, & une facilité merveilleuse à dechiffrer les vieilles écritures.*

Chapitre XV.

D'une Inscription Antique gravée sur une Colomne Milliaire de marbre, qui est devant l'Eglise des R.R. Peres Jesuites.

AUx environs de Saint Lucien, on voit l'Eglise des R.R. Peres Jesuites qu'ils ont fait bâtir magnifiquement, avec un College qui est à côté. Ce College a été fondé par Messieurs les Consuls Gouverneurs de cette Ville, qui ont dessein de le rendre quelque jour un des plus superbes de la Province. Et c'est dans ce lieu que tant de vertueux Ecclesiastiques, & tant de braves Gentilhommes, qui y viennent de tout le voisinage, ont employé leur temps dans les études, avec un succez merveilleux. Le Reverend Pere Daverdy si fameux & si estimé par les admirables qualitez qu'il possede, & qui a l'avantage d'avoir préché dans les plus celebres Chaires de ce Royaume, avec un applaudissement universel, est aujourd'huy Recteur de ce College.

Devant la porte de l'Eglise nous vîmes deux pieces d'une même colomne de marbre, environ de douze pieds de hauteur, lors qu'elle étoit en son entier, sur l'une desquelles nous lûmes l'Inscription suivante, rapportée par Gruterus, parmi ses Inscriptions antiques :

SALVIS D.D. N.N.
THEODOSIO. ET
VALENTINIANO.
P.F.V. AC TRIUM.
SEMPER AUG. XV.
CONS. VIR INL.
AUXILIARIS PRÆ.
PRÆT. GALLIA.
DE ARELATE MA.
MILLIARIA PONI. S.
M.P.I.

C'est à dire.

Salvis dominis nostris Theodosio & Valentiniano, piis Felicibus, victoribus, ac triumphatoribus, Semper Augustis, decies quinquies Consulibus;

Vir illustris Auxiliaris præfecturæ prætorio Galliarum, de Arelate Massiliam milliaria poni suasit,

Milliare primum incipit.

Cette colomne est un monument bien glorieux à la Ville d'Arles, puisqu'elle est un témoignage illustre que le siege du prefect du Pretoire des Gaules étoit établi en cette Ville, dans la personne d'Auxiliaris.

Nous parlerons plus amplement de cette Prefecture au Livre suivant.

Les Romains se servoient de ces sortes de colomnes pour marquer les Milles, d'où l'on contoit, *à primò lapide*, ayant un soin particulier des chemins. Nous avons découvert ces jours passés, une autre colomne Milliaire dressée à l'honneur de Constantin le grand, de laquelle nous parlerons au Livre suivant: Où il faut remarquer qu'il n'y a gueres des Ruës, des Eglises, & mesmes des maisons particulieres, ou l'on ne trouve des bases, des chapiteaux & des tronçons de colomnes, du plus beau marbre d'Orient, dispersées çà & là. Et ce qui est encore plus surprenant, c'est qu'on ne creuse presque jamais, pour faire des caves, des puys, & des fondemens des maisons, qu'on ne déterre mille choses curieuses, comme Medailles, & Bijoux antiques, Urnes, Lachrimatoires, Lampes éternelles pavez à la Mosaïque, & surtout des pieces de marbre travaillées de tres-bonne main; ce qui a donné cours à cette espece de proverbe:

Ditior est Arelas Sepulta, quam viva.

Avant que de quitter le College, nous descendimes dans quelques caves qui sont aux environs, & particulierement dans celle des R.R. Peres Jesuites, cette cave est une fort belle Antiquité. On y voit encore quelques niches, & quelques colomnes encore en œuvre au dedans; & au dehors quelques arcs antiques disposez en rond, presque tous comblez de terre, dans la basse cour des Classes, c'étoient des suites des Thermes qui se communiquoient avec ceux du Marché, dont nous avons parlé, & ou l'on faisoit venir l'eau par des Aqueducs, dont on voit encore quelques vestiges dans les caves voisines. Nous pouvons dire que ces lieux ne sont pas moins utiles aujourd'huy qu'ils étoient autrefois, puisque ne servant anciennement que des bains pour laver le corps, ils sont remplis maintenant d'excellens vins qu'on y tient, & qui sont fort propres à fortifier le cœur, & à réjouïr l'esprit.

Il faut voir la cave de Monsieur Granier, Procureur au Siege, & celle de Mr. de Nicolai Escuyer.

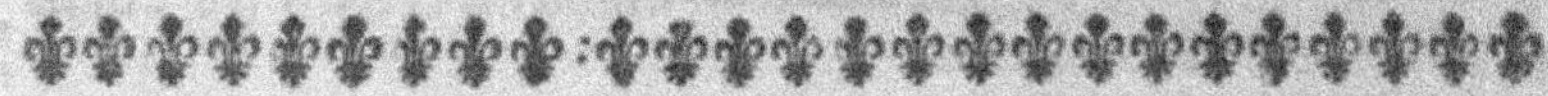

Chapitre XVI.

De quelques Antiquitez qui sont dans le Bourg.

En allant à ce quartier, on peut voir en passant les figures de neuf cochons qu'on dit qu'un Gentilhomme de cette Ville fit enchasser-là, en memoire d'un miracle qui étoit arrivé à sa femme, qui par une punition du Ciel avoit fait neuf enfans d'une seule ventrée & autant qu'une Truye fait de cochons;

& ce fut à la priere d'une pauvre Mandiante qui ayant deux ou trois enfans luy demandoit l'aumone, & que cette Dame avoit appellée Louve ou Truye, à ce qu'on dit: mais quoyqu'il en soit de cette avanture; cette maison appartient aujourd'huy à Mr. de Sabatier de l'Academie Royale, dont la reputation est aujourd'huy si répandue dans le Royaume par l'avantage qu'il a d'avoir composé un excellent livre des Lettres en Vers François.

Le Bourg étoit separé anciennement du reste de la Ville, par une muraille * dont on voit encore une partie en ce quartier. Il avoit ses Officiers particuliers & faisoit ses affaires à part. Ce qui se justifie par une lettre de Frideric II. que cet Empereur addressoit, aux Srs Consuls, à la Noblesse, & au peuple, tant d'Arles, que du Bourg. Cette lettre est dans les Archives.

Cette muraille est faite de pierre du Mouyrés, & à plus de 4 pieds d'épaisseur, elle sert de muraille mitoyenne à la maison du sieur Bouchaud bourgeois, & à la mienne.

L'Eglise de Sainte Croix est dans ce même quartier. Elle est une des mieux ornées, des plus grandes, pour l'étendüe de la Parroisse, & une des plus anciennes & des mieux servies de la Ville. Monsieur Masson Promoteur de Monseigneur l'Archevêque, & qui est une personne d'un merite extraordinaire, en est aujourd'huy Curé perpetuel. C'étoit autrefois un Prieuré qui avoit une partie du dixme de la Ville & qui a été annexé au corps du Chapitre Metropolitain.

Ex eo autem cænobio Regie jam dudum adveƈtum Constantinus Abbas illud honoris ergo, in ecclesia Stæ Crucis quæ sita est in antiquo suburbio Arelat. collocavit, & sepulchro marmoreo condidit.

Ex annal. Eccles. & ex Cartula Arel.

L'antiquité de cette Eglise nous est marquée par la structure de son bâtiment, où l'on voit des piliers d'une grosseur extraordinaire, & par plusieurs Vases de terre cuite qu'on a découverts ces dernieres années, sur le Presbitere de cette Eglise dont il est presque tout couvert. Ces Vases sont ouverts seulement du côté qui tournoient en bas, & c'étoit apparemment pour recevoir les impressions de la voix des Chantres, & de l'augmenter par leur retentissement, étant à peu prés semblables aux Vases dont nous avons parlé au Chapitre du Theatre, destinez à cet usage. Outre ce que nous venons de dire, le Voyageur Curieux pourra encore remarquer dans ce lieu. 1º. une Inscription antique prés du grand Autel, sur un pied-d'Estail de marbre, au côté de la Sacristie. 2º. à l'entrée de l'Eglise

Itaque Cæsarius ab Eonio Episc.

un Tombeau de marbre avec son couvercle, dans lequel le Corps de St. Florentin Abbé, & Patron de cette Parroisse fut mis. Il fut porté dans cette Eglise d'un Monastere ruiné par les Gots que Childebert Roy de France avoit fait bâtir dans cette Ville, dans le quartier du Bourg, & à mon avis, au même endroit ou est apresent le Convent des grands Augustins, ou ces Peres ont une tres-magnifique Eglise.

Arelat. Presbiter ordinatus, Abbas Monasterio Arelate in insula suburbana existenti praponitur.

Dans l'office de Saint Cesaire.

On voit sur le couvercle de ce Tombeau l'Epitaphe de Saint Florentin premier Abbé de ce Monastere, qui est faite en façon d'Acrostiche en vers Latins sur ces paroles:

Florentinus Abbas hic in pace quiescit Amen.

30. On nous fit voir dans cette Eglise plusieurs belles Chasses d'argent remplies de Saintes Reliques, parmi lesquelles sont celles de Saint Hilaire Archevêque d'Arles, un des plus grands personnages de l'Eglise, qui y sont conservées depuis plusieurs Siecles. Et les Curieux observeront icy en passant que le nombre des Chasses d'argent qui sont dans les autres Eglises de cette Ville, est si grand, que sans comprendre celles qui sont commencées, on en conte plus de soixante, qui sont à peu prés de la grosseur du naturel, que l'on porte tous les ans la veille de l'Ascension en Procession generale, soûs des Dez tres-magnifiques, & qui font un Thresor tres-estimable. Cette Procession est une des plus belles de l'Europe, étant composée de cette admirable Compagnie des Saints, de huit differens Ordres Religieux, de sept Parroisses, de deux Chapitres, de Messieurs les Magistrats de la Police, d'une nombreuse Noblesse; & de Messieurs les Officiers du Siege* qui est un des plus illustre corps de la Province.

Tout proche de la grande porte de cette Eglise, en une maison appartenant à Monsieur d'Olivier, il y a une Statüe antique de Ianus fort curieuse.

* *Monsr. de Monblan si estimé par son integrité & si aimé par ses manieres engageantes est Lieutenant General de cet illustre corps, & Monsr. le Marquis de Roche grand Senéchal.*

Cependant ayant marché toute la journée, nous trouvâmes bon de prendre quelque repos, & de finir nos visites par celle du grand Hôpital qui étoit tout proche de son Auberge; Aprés quoy nous nous separâmes ayant resolu d'aller voir le lendemain, les Antiquitez qui sont hors de la Ville.

Dans la basse cour du grand Hôpital il y a un tombeau antique avec son inscription que le Voyageur doit voir.

Fin de la premiere Partie.

www.ingramcontent.com/pod-product-compliance
Ingram Content Group UK Ltd.
Pitfield, Milton Keynes, MK11 3LW, UK
UKHW022052170726
13837UKWH00002B/900

9 782329 238968